演讲与口才实训教程

（第 2 版）

主　编　董乃群
副主编　赵丽丽　王　爽

清华大学出版社
北京交通大学出版社
·北京·

内 容 简 介

本书是作者在多年来指导学生素质实训经验的基础上，结合教学改革的新理念，从实际训练的角度，让学生在较短时间内，掌握演讲的技巧，能当众讲话，并获得听众的喜爱。本书共分为7章，包括演讲与口才实训概述、演讲与口才基础训练、演讲稿准备的程序与演讲稿的设计、求职面试口才训练、命题演讲训练、即兴演讲训练、辩论口才训练。

本书科学性、实用性兼备，可操作性强，既可作为高等职业学校、高等专科学校、成人高校及本科院校的二级职业技术学院和民办高校各专业的素质教育课教材，也可供演讲爱好者参考使用。

本书封面贴有清华大学出版社防伪标签，无标签者不得销售。
版权所有，侵权必究。侵权举报电话：010-62782989　13501256678　13801310933

图书在版编目（CIP）数据

演讲与口才实训教程／董乃群主编. — 2版. — 北京：北京交通大学出版社：清华大学出版社，2020.6（2022.6重印）
ISBN 978-7-5121-4209-1

Ⅰ. ①演… Ⅱ. ①董… Ⅲ. ①演讲-教材　②口才学-教材　Ⅳ. ①H019

中国版本图书馆 CIP 数据核字（2020）第 089938 号

演讲与口才实训教程
YANJIANG YU KOUCAI SHIXUN JIAOCHENG

责任编辑：	吴嫦娥
出版发行：	清华大学出版社　邮编：100084　电话：010-62776969
	北京交通大学出版社　邮编：100044　电话：010-51686414
印　刷　者：	北京时代华都印刷有限公司
经　　销：	全国新华书店
开　　本：	185 mm×260 mm　印张：12.5　字数：320 千字
版 印 次：	2010年4月第1版　2020年6月第2版　2022年6月第3次印刷
定　　价：	39.00 元

本书如有质量问题，请向北京交通大学出版社质监组反映。对您的意见和批评，我们表示欢迎和感谢。
投诉电话：010-51686043，51686008；传真：010-62225406；E-mail：press@bjtu.edu.cn。

第 2 版前言

"良言一句三冬暖，恶语伤人六月寒"；会说话，说好话是一辈子的修行。人的一生就是各种关系的集结，而关系的处理需要语言作为桥梁，多少关系毁在不会说话上面。无论时代如何变化，语言的魅力一直在那里，从来没有减少一点点。

距离第 1 版已经过去 9 年多了，第 1 版教材受到很多高校师生的好评和喜爱，连续印刷十几次，这些年编者又积累了很多素材，几经整理，第 2 版终于跟大家见面了。第 2 版在第 1 版的基础上做了如下修订。

第一，案例更新。有些章节的案例随着时代变化已经略显过时，本次再版选用更加贴近现实、符合当下时代气息的案例。

第二，内容适当做了修订。对个别章节的知识点做了补充，以便让内容更加充实。

第三，更新了部分课后训练设计，使得材料更加新颖。

演讲与口才在人类发展过程中基础的东西从来没有变过，本次再版保留了第 1 版的整体框架结构，很多经典案例和训练方式方法也保留下来。由于作者水平有限，恐难尽如人意，敬请读者批评指正。

这次参加再版工作的编者有：沈阳工学院董乃群（编写第 1、2、3、4 章），辽宁现代服务职业技术学院赵丽丽（编写第 5、6 章），沈阳工学院王爽（编写第 7 章）。全书由董乃群统稿。

在本书的编写过程中，由于篇幅有限，收集和参考的大量资料未能一一列出，在此对所有参考文献作者表示诚挚的谢意。

编者
2020 年 4 月

前　言

你想在同学面前脱颖而出，成为班干部和学生会领袖吗？

你想在演讲辩论中妙语连珠、灿若莲花，征服对方吗？

你想在面试时发挥才华、过关斩将，抓住进入一流公司和争取高薪的机会吗？

你想在恋人面前展现自我真情、人格魅力，获取芳心，赢得美好的爱情吗？

你想在领导面前条理清晰、表达自如，淋漓尽致地表现自己吗？

你想在会议上从容不迫、侃侃而谈，获得晋升的机会吗？

你想成为一个幽默风趣、富有领导能力，人际关系良好的优秀人才吗？

你想迅速获得别人信任，在竞岗竞聘、晋升创业、做人做事中获得快速提升吗？

人的嘴巴有两个功能：吃饭和讲话。要想吃好饭，先要讲好话！英国首相丘吉尔曾说："一个人可以面对多少人，就代表这个人的人生成就有多大！"无论是政界领袖毛泽东、列宁、林肯，还是商界领袖杰克韦尔奇、比尔·盖茨……古今中外深具影响力的成功人士都是善于公众表达沟通的大师。

演讲口才是一门技能，如同开车、游泳一样，仅仅通过学习一些理论知识是远远不够的，甚至可能会导致进入误区。因为学习只能改变人的思维模式，训练才能改变人的行为模式。要想提升演讲口才，只有通过培训演练，方能"治标""治本"。讲话的潜力完全可以挖掘。

人一生中，从小到大，上学找工作、竞职求爱、交流沟通，样样离不开讲话，从孩童到老年，时时离不开口才。说好话说丑话，说假话说真话，说大话说实在话，说内心话说违心话，练好了口才，具备了良好的讲话能力，一根巧舌可以赢遍天下。

本书由李文国（沈阳工学院）、董乃群（沈阳工学院）担任主编，虞雪君（公安海警高等专科学校）、赵丽丽（辽宁现代服务职业技术学院）担任副主编。李文国、董乃群提出本书的编写思路和框架结构，设计各章实践环节，负责全书统稿工作。具体编写分工如下：李文国编写第 1 章，董乃群编写第 3、7 章，虞雪君编写第 2、4 章，赵丽丽编写第 5、6 章。

本书在编写过程中，参考了大量资料，其中部分资料来源于互联网和编者日常教学积累，有些资料无从核实准确出处，在此一并向有关单位和作者表示感谢。

由于编者的知识、能力有限，以及时间仓促，书中疏漏和不足之处在所难免，欢迎专家与读者批评指正。

编者

2010 年 6 月

目 录

第1章 演讲与口才实训概述 ·········· 1
- 1.1 演讲与口才的基本内涵 ·········· 1
  - 1.1.1 口语交际的概念 ·········· 1
  - 1.1.2 演讲的基本特征 ·········· 2
  - 1.1.3 提高口才的基本途径 ·········· 4
- 1.2 演讲与口才实训的意义、内容和方法 ·········· 6
  - 1.2.1 演讲与口才实训的重要意义 ·········· 6
  - 1.2.2 演讲与口才的训练目标与训练内容 ·········· 7
  - 1.2.3 实训日程安排表 ·········· 8
  - 1.2.4 实训成绩考核办法 ·········· 9
  - 1.2.5 训练方法简介 ·········· 9
  - 1.2.6 实训计划制订 ·········· 15

第2章 演讲与口才基础训练 ·········· 18
- 2.1 心理素质的训练 ·········· 19
  - 2.1.1 演讲者必备的心理素质 ·········· 19
  - 2.1.2 演讲中常见的心理障碍 ·········· 22
  - 2.1.3 克服演讲心理障碍的方法 ·········· 25
- 2.2 语音训练 ·········· 30
  - 2.2.1 发声训练 ·········· 30
  - 2.2.2 朗读技巧训练 ·········· 33
- 2.3 体态语训练 ·········· 49
  - 2.3.1 体态语训练的基本要求 ·········· 49
  - 2.3.2 体态语的分解训练 ·········· 50

第3章 演讲稿准备的程序与演讲稿的设计 ·········· 61
- 3.1 演讲稿准备的程序 ·········· 61
  - 3.1.1 了解听众 ·········· 61
  - 3.1.2 选择话题 ·········· 64
  - 3.1.3 收集材料 ·········· 66
  - 3.1.4 确定演讲目的 ·········· 67

I

3.1.5　熟悉会场 ··· 69
　3.2　演讲稿的设计 ··· 72
　　　3.2.1　确定主题 ··· 73
　　　3.2.2　搭建架构 ··· 74
　　　3.2.3　正确的准备方法 ··· 76
　3.3　演讲的开头和结尾 ··· 79
　　　3.3.1　匠心独运的开场白 ·· 80
　　　3.3.2　耐人寻味的结尾 ··· 84

第4章　求职面试口才训练 ··· 87
　4.1　求职面试的准备 ··· 87
　　　4.1.1　心理准备 ··· 88
　　　4.1.2　简历和资料的准备 ·· 92
　　　4.1.3　服饰和仪表准备 ··· 94
　　　4.1.4　面试前的心理调适 ·· 97
　4.2　面试礼仪 ·· 98
　　　4.2.1　面试前的礼仪 ··· 98
　　　4.2.2　面试中的礼仪 ··· 100
　　　4.2.3　面试结束时的礼仪 ·· 102
　4.3　求职面试的技巧 ··· 103
　　　4.3.1　面试应对的基本要领 ······································· 104
　　　4.3.2　常见题型 ··· 105
　　　4.3.3　求职面试中常见的错误 ··································· 109

第5章　命题演讲训练 ·· 111
　5.1　命题演讲概述 ··· 111
　　　5.1.1　命题演讲的概念 ··· 111
　　　5.1.2　命题演讲的种类 ··· 114
　5.2　命题演讲的特点及程序 ··· 118
　　　5.2.1　命题演讲的特点 ··· 118
　　　5.2.2　命题演讲的程序 ··· 119

第6章　即兴演讲训练 ·· 123
　6.1　即兴演讲概述 ··· 123
　　　6.1.1　即兴演讲的含义 ··· 123
　　　6.1.2　即兴演讲的特点 ··· 124
　　　6.1.3　做好即兴演讲应具备的条件 ····························· 124
　6.2　即兴演讲技巧 ··· 131

6.2.1　如何确定即兴演讲的主题 ………………………………………… 131
　　6.2.2　如何确定即兴演讲的整体布局 …………………………………… 132
　　6.2.3　即兴演讲如何选材 ………………………………………………… 132
　　6.2.4　如何在即兴演讲中使用口语 ……………………………………… 133
　　6.2.5　如何使即兴演讲内容更具吸引力 ………………………………… 134

第7章　辩论口才训练 ……………………………………………………………… 139
　7.1　辩论概述 …………………………………………………………………… 139
　　7.1.1　辩论的含义 ………………………………………………………… 139
　　7.1.2　辩论的特征 ………………………………………………………… 141
　　7.1.3　辩论的类型 ………………………………………………………… 142
　7.2　辩论技巧 …………………………………………………………………… 146
　　7.2.1　辩论的基本方法 …………………………………………………… 146
　　7.2.2　论证方法 …………………………………………………………… 149
　　7.2.3　进攻技巧 …………………………………………………………… 150
　　7.2.4　防守技巧 …………………………………………………………… 155

附录A　辩论名篇赏析 …………………………………………………………… 165
附录B　如何让世界对我刮目相看 ……………………………………………… 183
附录C　给自己戴上桂冠 ………………………………………………………… 186
参考文献 …………………………………………………………………………… 188

第1章

演讲与口才实训概述

> **训练目标**

通过训练,学生了解演讲与口才的基本概念、特征,明白演讲的重要性,激发学习演讲与口才的热情;掌握正确的演讲训练方法,学会制订演讲实训训练计划。

> 演讲是人人都有的一种潜在能力,问题在于每个人是否发现、发展和利用这种天资。一个人能站起来当众讲话是迈向成功的关键性一步。
>
> ——戴尔·卡耐基

1.1 演讲与口才的基本内涵

当今社会,经济迅猛发展,竞争日益激烈,人际交往频繁,信息传播快速,当代大学生的就业压力也迅速增加。如何在日趋激烈的竞争环境下增加自己成功的资本,这需要不断提高自己的综合素质。20世纪90年代初,美国斯坦福大学商学教授哈雷尔博士曾对一批毕业10年的企业管理硕士进行研究,发现学习成绩的好坏与成就无关,说话能力非凡几乎是"成功人士"的共同特质,可以说人生的成败往往取决于口才的好坏。

1.1.1 口语交际的概念

口语交际就是特定的人,在特定的语境里,为了特定的目的,运用语音手段，传递信息、交流思想和感情的一种言语活动。它研究人们如何在口头上使用好语言，以达到理想的交际效果。

由于口语诉诸听众的耳朵，信息稍纵即逝。如果表述不清或语言晦涩，"声音流"就会从耳边滑过去，达不到理想的信息传播效果。因而，使用口语交际时要有较强的"口语意识"，在用词上要少用或不用深奥难懂的词语和专门术语；在句式上以短句为主，少用长句与复杂句。

在口语交际中，交谈者双方都应当从广大听众的接受能力和理解能力着眼，说明白每一句话，讲清楚所要表达的原意，使语言整齐匀称，富有节奏，让听众感受到语言的音韵美。老舍先生就曾说过："我自己写文章，总希望七八个字一句，或十几个字一句，不要太长的句子。每写一句时，我都想好了，这一句到底说明什么，表现什么感情，我希望每一句话都站得住。当我写了一个较长的句子，我就想法子将它分成几段。断开了就好念了，别人愿意念下去；断开了也好听了，别人也容易懂。"由此可见，短句在口语交际中的妙用。

1.1.2　演讲的基本特征

演讲是运用有声语言和形体语言，就某个问题对听众说明事理、发表见解的语言艺术。演讲的目的是传递信息、交流思想和表达情感。

民族、部落、政党、企业、学校、社团……形形色色、大大小小的人类群体中，时时刻刻都有人在进行演讲。演讲的范围极其广泛，报告、动员、总结、授课、祝颂、辩论等，都可以归入广义的演讲范畴。认为演讲只是一种宣传教育的手段，甚至仅仅把演讲比赛中的表演称为演讲，都是一种片面的认识，这种片面认识抹杀了演讲的应用性和目的性。

演讲有以下三个基本特征。

1. 理论思维形象化

在各种语言表达形式中，文学创作和戏剧表演侧重于感觉和形象，哲学阐述和科技说明侧重于逻辑和思辨，它们都不是演讲。演讲最重要的特征是理论思维形象化。从总体上看，演讲的思维活动也是理论思维的推演，但是，演讲者必须把理论思维和形象感觉有机地结合起来，使演讲表达具有形象化的效果。

将抽象转化为形象的主要方法有：① 充分利用比喻和比拟；② 从事例和细节中引出思想和观点；③ 把数据转化为人们熟知的事物。

欣赏一下美国黑人领袖马丁·路德·金《在林肯纪念堂前的演讲》中的一段。

我梦想着，有那么一天，我们这个民族将会奋起反抗，并且一直坚持实现它的信条的真谛——"我们认为所有的人生来平等是不言自明的真理。"

我梦想着，有那么一天，甚至现在仍为不平等的灼热和压迫的高温所炙烤着的密西西比，也能变为自由与平等的绿洲。

我梦想着，有那么一天，我的四个孩子，能够生活在一个不是以他们的肤色，而是以他们的品性来判断他们的价值的国度里。

我梦想着，有那么一天，就在邪恶的种族主义者仍然对黑人活动横加干涉的亚拉巴马州，就在其统治者拒不取消种族歧视政策的亚拉巴马州，黑人儿童将能够与白人儿童如兄弟姊妹一般携起手来。

我梦想着，有那么一天，沟壑填满，山岭削平，崎岖地带铲为平川，坎坷地段夷为平地，上帝的灵光大放光彩，芸芸众生共睹光华！

马丁·路德·金的演讲，逻辑思维轨迹十分清楚，表达了希望所有美国人在平等中结为一体的强烈的政治愿望，演讲者是通过五个"我梦想"的生动而具体的形象来表达这一神圣愿望的。

下面是一篇大学生的散文习作。

我心如春，是那静静普照的阳光，柔和，温存；是摇曳多姿的山花，四处飘香；是林间嬉戏的鸟儿，自由，快活；是山间涓涓流淌的小溪，清澈见底。湛蓝的天空中，我是那展翅翱翔的雄鹰，追逐那梦幻般的五彩仙云。我如同睡眼惺忪的大地，孕育着蓬勃生机。美的遐想，爱的温情，荡漾我心。

我心如夏，是那火辣辣的阳光，热情奔放；是滚滚汹涌的洪流，勇往直前；是风云骤起的暴雨，尽情倾泻；是峭壁上石缝间的一株小草，顽强坚韧。广阔无垠的草原上，我是那桀骜不驯的野马，任意驰骋，展示着健壮强悍的雄姿。我如同矢志不渝的登山者，强忍着荆棘的伤痛。执着的追求，坚实的信念，刚强的毅力，充满我心。

…………

我，在春的梦幻中长大，投入夏的热潮，经过秋的洗礼，留下冬的深沉。

这篇散文习作大量地运用了比喻和排比等修辞手法，但作为演讲稿肯定会效果不佳，原因是仅有感情的宣泄和形象的跳跃还不能称之为演讲，演讲还必须具有鲜明的主题思想和清晰的逻辑思路。

2. 语言表达立体化

演讲的艺术性在于它具有统一的整体感和协调感，在演讲中各种因素，即语言、声音、形态、表演、环境、时间，都形成一种相互依存、相互协调的美感。

书面语是一种平面的语言表达形式，而演讲者走上演讲台，融声音、形象、态势为一体，就构成了一种立体的语音表达形式。许多著名演讲家正是善于运用这种"视—听"联觉的表达形式，才给听众留下了永难磨灭的形象记忆。使语言表达立体化的三种主要手段是：① 充分利用抑扬顿挫、停顿等语调手段；② 充分利用面部喜怒哀乐等表情手段；③ 充分利用头、身躯、手、脚等态势手段。

精彩的演讲具有相声般的幽默、诗歌般的激情、戏剧般的冲突和优美的态势动作，因而具有很强的艺术感染力。初学演讲者往往注重演讲文稿的撰写，却忽略了声音、形象、态势对演讲内容的立体支撑作用。还有一部分初学演讲者，因为怯场只顾低头背诵演讲稿，以致辛辛苦苦构思好的演讲内容变成了节奏单一、平淡乏味的"背书"。

3. 思想观念人格化

演讲艺术的另一个特征是听众常常自然地把演讲中所宣传的思想观念和演讲者的人格融为一体，这就是思想观念人格化。

朱镕基在国际上享有很高的威望，国际友人把他视为中国对内改革、对外开放的形象代表。这主要是因为朱镕基在任职期间采取了一系列大刀阔斧的改革开放措施；同时，也与朱镕基在多次演讲中所树立的人格形象有关。

1999年4月，朱镕基总理访问美国。当时，正是北约轰炸南联盟的时候，美国的政治舆论对中国不太友好。在洛杉矶市长举行的欢迎午餐会上，朱镕基发表了以下即兴演说。

在我来美国之前，我向尊敬的朋友、美国驻华大使尚慕杰先生讨教，我这次访问应该怎么办呢？他给我的忠告是："Keep always smiling face."（经常保持微笑的面孔。）这对我来说很困难。因为香港的一些人说我是"朱铁脸"，是个"long face"（长面孔）。

我非常感谢大使先生，在我来美国之前，到我要去的每个城市去介绍我，使我受到欢迎。他说他准备被打得鼻青脸肿，见到我时脸上包着绷带。在我出发前，我会见了两批共有20个议员的代表团，一个由托马斯率领，一个由劳夫率领。我告诉他们，你们这样反对中国，我怎么去访问呢？你们的大使都要被打得鼻青脸肿，那我怎么办呢？他们说你一定要去，因为美国人希望看到 new face（新面孔）。我说你们能保证我的 new face 不变成 blooding face（血流满面）吗……今天我到洛杉矶，放下心来了。如果美国人都像到会的人这样，我就能保持 new face 了。

朱镕基总理谈"面孔"的坦率和幽默赢得了许多美国官员的好感，美国媒体称朱镕基这次访问在美国掀起了"朱旋风"。

1.1.3　提高口才的基本途径

（1）掌握丰富的知识。鲁迅说过："从喷泉里喷出来的都是水，从血管里流出来的都是血。"只有胸藏锦绣才能口吐华章。周恩来也说过："立屋要有梁，说话要有根据。"

知识是口语表达的物质基础，上至天文，下至地理，乡土人情、风俗习惯、历史典故、轶闻趣事，信手拈来，皆成妙趣。

（2）多看书看报。世界动向、国内形势、科学动态、影视作品等皆可从书报中了解到，可以扩展你的谈话内容和谈话题材。

（3）勤做读书摘录。在阅读时，随时随地都要把遇见的名言警句、好词华章记录在摘抄笔记上，久而久之，这些经验与知识就将成为你说话的本钱。

（4）必要的写作训练。要想口中有，一定不能胸中无。俗话说："腹有诗书气自华。""胸中墨"来源于阅读和写作的积累。一个人会说话，擅长演讲，可巧妇难为无米之炊，劣等稿不能展示优秀演讲者的风采。

（5）勤学苦练。多练，要求学生按教师给定的训练方法课上练、课下练，课程结束还要自主训练；多参加学校组织的各种学习活动，接受锻炼；多向生活学习；多揣摩有经验人士的讲话，分析其优点，取其之长克己之短。相信经过一段时间的训练，展现在大家面前的一定是个全新的你，让我们共同期待着，共同努力。

训练设计

演讲能力自我测试

测试说明

为了更好地了解你当众讲话的能力，以便能够更好地制订训练计划，在进行正式训练之前请先进行测试。本测试成绩与你的考试成绩没有任何关系，只要诚实回答就可以。在测试结束后，请根据"选项得分对照表"计算出你的测试成绩，并根据"得分建议"确定你的当众讲话的能力水平。

测试题目

请仔细阅读下列句子，选出与你的情况最接近的选项，以评估你当众讲话的能力。

1. 我喜欢当众讲话的感觉。

① 从不　② 有时　③ 经常　④ 总是

2. 在正式当众讲话之前，我会围绕讲话主题收集资料。

① 从不　② 有时　③ 经常　④ 总是

3. 在正式当众讲话之前，我会反复排练，直到自己满意为止。

① 从不　② 有时　③ 经常　④ 总是

4. 我会运用一些图片来加强我的讲话主题。

① 从不　② 有时　③ 经常　④ 总是

5. 我也很喜欢听别人的演讲。

① 从不　② 有时　③ 经常　④ 总是

6. 讲话一开始我便能抓住听众的注意力。

① 从不　② 有时　③ 经常　④ 总是

7. 我讲话的音量和节奏似乎很适合听众。

① 从不　② 有时　③ 经常　④ 总是

8. 我自始至终都讲得流利、自信。

① 从不　② 有时　③ 经常　④ 总是

9. 我自始至终与全场听众保持目光接触。

① 从不　② 有时　③ 经常　④ 总是

10. 我的演讲令听众感兴趣，并能让他们提问。

① 从不　② 有时　③ 经常　④ 总是

11. 回答怪异或有敌意的问题时，我能保持冷静。

① 从不　② 有时　③ 经常　④ 总是

12. 我的回答中肯，能使听众保持兴趣。

① 从不　② 有时　③ 经常　④ 总是

选项得分对照表

① 从不——1 分

② 有时——2 分

③ 经常——3 分

④ 总是——4 分

得分建议

得分	

12～24 分：你应该利用一切机会加强学习，以后每次当众讲话都要花更多的时间准备和排练。

25～36 分：你当众讲话的能力较强，但某些方面仍有待改进。

37～48 分：你有很好的当众讲话的能力，但不要自满，要继续。

1.2　演讲与口才实训的意义、内容和方法

1.2.1　演讲与口才实训的重要意义

随着社会交往的逐渐频繁，人们越来越重视"口才"的功能。有的人讲话中不乏真知灼见，给人以深邃、精辟、理智、风趣之感，这样的人在追求成功的路

上定会比那些口才不好者少些阻碍。春秋战国时期的君主十分崇尚口才，天下学者俊士更是趋之若鹜。以在秦国推行"连横"策略而著称的游说家张仪，就颇懂得口才的珍贵。他初到楚国当说客时，一天，碰巧自己寄居的人家丢失了衣服，主人咬定他是窃贼，将其严刑拷打后逐出家门。回家后，妻子叹着气说："你若不读书游说的话，怎么会遭到这样的奇耻大辱呢？"谁知张仪并无怒色，却答非所问地道："你看看我的舌头还在吗？"张仪听说舌头还在，舒了一口气说"够了"。因为他懂得舌头在，就有飞黄腾达的希望。后来，他真的扶摇直上，当上了"一人之下，万人之上"的相国。

有人说21世纪的三大武器是核武器、计算机和舌头，可见口才的重要性。但即使一个人才高八斗、技能高超，如若连话都说不清楚，和别人沟通起来总是让人别扭，不讨别人喜欢，那么，其对社会的贡献一定是有限的。因为缺乏传播知识的能力，没有口才就不会有说服力；没有说服力就不会有影响力；没有影响力就不会有领导力；没有领导力就只能单枪匹马、独自奋斗。但现在，个人打天下的时代已经过去。放眼望去，身边那么多成功的企业家和社会精英哪一个不是演讲的高手、沟通的奇才？青岛海尔集团总裁张瑞敏为扭转企业亏损，砸烂有品质缺陷的100多台冰箱时，如果没有入木三分的思想工作和与员工震撼心灵的一番对话，也可能就不会有今天的"海尔产品——中国造"走向世界，为中国赢得巨大的荣誉。张瑞敏也不可能代表中国企业家站在美国哈佛大学的讲坛上发表演说，去推销海尔企业文化和海尔产品，去推销中国的企业，去推销伟大的中国。华人成功学权威陈安之的成功哲学：一个人的成功等于30%的知识加上70%的人际关系。而优质的人际关系是靠绝佳的口才来作桥梁和纽带的。而陈安之本人就是靠口才成功的最大受益者，现在每小时已拿到15万港元的讲课费。两天的"超级成功学"课程最多时达几千人，每人票价3 500元，除去开支至少也要收入上千万元人民币。如果一个人能自在沟通，轻松讲话，何愁不能在社会中立足？

亲爱的同学们，如果你还在为不敢在公众面前说话而彷徨，或者为虽有勇气却把话说得离题万里、枯燥乏味而难过。那么，不用担心，只要跟随这个课程，认真地学习完，你就会发现自己已经能轻松开口，自在沟通了。

1.2.2 演讲与口才的训练目标与训练内容

1. 训练目标

（1）训练学生掌握演讲的程序与规范。
（2）训练学生有效克服恐惧、自卑心理。
（3）训练学生具备良好的精神面貌，仪态得体。
（4）训练学生准确表述概念，思路清晰，重点突出，层次分明，语言精练。
（5）训练学生能够充分有效地利用时间，信息量集中。

(6) 训练学生能够合理、有效地利用演讲手段调动听众的积极性。

(7) 训练学生合理设计演讲内容。

(8) 训练学生互相帮助、互相学习的团队精神。

(9) 训练学生针对特定场合随机应变的语言能力。

(10) 训练学生求职面试语言能力。

(11) 训练学生辩论口才。

2. 训练内容

(1) 心理素质训练。

(2) 讲稿的写作规范与设计。

(3) 讲述内容的逻辑性、熟练度、趣味性。

(4) 仪态,包括语音、态势语言的使用等。

(5) 表达能力:① 概念准确度;② 思路清晰度;③ 是否重点突出、层次分明;④ 语言是否精练。

(6) 控制时间的能力。

(7) 命题演讲训练。

(8) 快速演讲训练。

(9) 朗诵训练。

(10) 辩论口才训练。

1.2.3 实训日程安排表

实训日程安排表如表 1-1 所示。

表 1-1 实训日程安排表

	时　间	内　容	地　点	指导教师	备　注
第（　）周演讲与口才实训					

1.2.4　实训成绩考核办法

1. 成绩分配

本实训课程成绩评定由以下四部分组成。

（1）指导教师对学生出勤情况进行考核，本项 X_1 成绩权数为 0.2。

（2）指导教师对学生的实习态度、认真程度进行考核，本项 X_2 成绩权数为 0.2。

（3）指导教师对学生上交的实训手册进行考核，本项 X_3 成绩权数为 0.2。

（4）评审团对学生现场演讲答辩进行考核，本项 X_4 成绩权数为 0.4。

根据以上各项以加权平均数法给出学生实习总评成绩：

$$X=0.2X_1+0.2X_2+0.2X_3+0.4X_4$$

2. 级别设置

演讲与口才实训考试分优秀、良好、中、合格四种成绩，成绩按正态分布。演讲训练的考核成绩采用百分制，级别与分数对照表如表 1-2 所示。

表 1-2　级别与分数对照表

成　绩	优　秀	良　好	中	合　格
分　数	90～100 分	80～89 分	70～79 分	60～69 分

3. 考核规则

（1）学生在参加考核前要准备 5 分钟的演讲内容，并要求有演讲稿。

（2）进行考核前，报考学生需向指导教师提交演讲稿。

（3）参加考核时，学生必须将本人考试证提交评审团以证明其身份。

（4）学生在参加考核时，不允许"念稿"，也不允许手中拿稿边看边讲。如出现此种现象，该学生成绩作"不及格"处理。

1.2.5　训练方法简介

演讲训练以学生自我训练和教师指导相辅相成。指导教师先对学生进行演讲基础内容的训练，使学生掌握成功演讲的一些基本素质；然后，学生分小组进行各类实用口才的专门训练，教师进行方法指导、过程监督；最终由教师进行结果考评。

1. 从人员集中还是分散的角度划分

从人员集中还是分散的角度，训练方法可分为集中训练和分散训练。

1）集中训练

全班同学集中，由指导教师制定训练内容，一般为语音训练、仪态训练、命题演讲训练、即兴演讲训练、辩论训练等。学生按照相应程序训练，指导教师进行方法指导，训练后进行评价。

2）分散训练

全班同学分成若干个小组，由小组长负责，自寻场地，进行演讲训练。在训练过程中小组成员互相帮助，共同提高，改进自己不足的地方，学习他人的长处。在此过程中培养学生的团队意识、严谨的态度和精益求精的精神。或者由教师与学生一对一进行特别训练，针对学生的具体情况进行训练。

2. 从训练的具体做法角度划分

1）速读法

这里的"读"指的是朗读，是用嘴去读，而不是用眼去看。顾名思义，"速读"也就是快速地朗读。

这种训练方法的目的，在于锻炼人口齿伶俐，语音准确，吐字清晰。

（1）方法，找来一篇演讲词或一篇文辞优美的散文。先拿来字典、词典把文章中不认识或弄不懂的字、词查出来，搞清楚，弄明白，然后开始朗读。一般开始朗读时速度较慢，逐次加快，一次比一次读得快，最后达到你所能达到的最快速度。

（2）要求，读的过程中不要有停顿，发音要准确，吐字要清晰，要尽量达到发声完整。因为如果你不把每个字音都完整地发出来，那么，如果速度加快以后，就会让人听不清楚你在说些什么，快也就失去了快的意义。快必须建立在吐字清楚、发音干净利落的基础上。我们都听过体育节目的解说专家宋世雄的解说，他的解说就很有"快"的工夫。宋世雄解说的"快"，是快而不乱，每个字、每个音都发得十分清楚、准确，没有含混不清的地方。我们希望达到的快也就是他的那种快，吐字清晰，发音准确，而不是为了快而快。

速读法的优点是不受时间、地点的约束，无论在何时、何地。只要手头有一篇文章就可以练习；而且还不受人员的限制，不需要别人的配合，一个人就可以独立完成。当然，你也可以找一位同学听听你的速读练习，让他帮助挑你速读中出现的毛病。比如哪个字发音不够准确，哪个地方吐字还不清晰，等等，这样就更有利于你有目的地进行纠正、学习。你还可以用录音机把你的速读录下来，然后自己听一听，从中找出不足，进行改进。如果有老师指导就更好了。

2）背诵法

这里要求的背诵，并不仅仅要求你把某篇演讲词、散文背下来就算完成了任务，这里要求的背诵，一是要"背"，二还要求"诵"。这种训练的目的有两个：一是培养记忆能力，二是培养口头表达能力。

记忆是练口才必不可少的一种素质。没有好的记忆力，要想培养出口才是不可能的。只有大脑中充分地积累了知识，你才可能张口即出，滔滔不绝。如果你大脑中一片空白，那么你再伶牙俐齿，也无济于事。记忆与口才一样，它并不是一种天赋的才能，后天的锻炼对它同样起着至关重要的作用，"背"正是对这种能力的培养。

"诵"是对表达能力的一种训练。这里的"诵"，也就是我们常说的"朗诵"。它要求在准确把握文章内容的基础上进行声情并茂的表达。

背诵法，不同于前面讲的速读法。速读法的着眼点在"快"上，而背诵法的着眼点在"准"上。也就是你背的演讲词或文章一定要准确，不能有遗漏或错误的地方，而且在吐字、发音上也一定要准确无误。

（1）方法：第一步，先选一篇自己喜欢的演讲词、散文、诗歌；第二步，对选定的材料进行分析、理解，体会作者的思想感情。这是要花点工夫的，需要我们逐句逐段地进行分析，推敲每一个词句，从中感受作者的思想感情，并激发自己的感情；第三步，对所选的演讲词、散文、诗歌等进行一些艺术处理，如找出重音、划分停顿等，这些都有利于准确表达内容；第四步，在以上几步工作的基础上进行背诵。在背诵的过程中，也可分步进行。首先，进行"背"的训练，也就是先将文章背下来。在这个阶段不要求声情并茂，只要能达到熟练记忆就行。并且在背的过程中，自己进一步领会作品的格调、节奏，为准确把握作品打下更坚实的基础。其次，是在背熟文章的基础上进行大声朗诵。将你背熟的演讲词、散文、诗歌等大声地背诵出来，并随时注意发声的正确与否，而且要带有一定的感情。最后，用饱满的情感，准确的语言、语调进行背诵。

（2）要求：准确无误地记忆文章，准确地表达作品的思想感情。

3）练声法

练声也就是练声音，练嗓子。在生活中，我们都喜欢听那些饱满圆润、悦耳动听的声音，而不愿听干瘪无力、沙哑干涩的声音。所以，锻炼出一副好嗓子，练就一腔悦耳动听的声音，也是我们必做的工作。

（1）方法。第一步，练气。俗话说练声先练气，气息是人体发声的动力，就像汽车上的发动机一样，它是发声的基础。气息的大小对发声有着直接的关系。气不足，声音无力，用力过猛，又有损声带。所以练声，首先要学会用气。

吸气：吸气要深，小腹收缩，整个胸部要撑开，尽量把更多的气吸进去。我们可以体会一下，你闻到一股香味时的吸气。注意吸气时不要提肩。

呼气：呼气时要慢慢地进行。要让气慢慢地呼出。因为我们在演讲、朗诵、论辩时，有时需要较长的气息，那么只有呼气慢而长，才能达到这个目的。呼气时可以把两齿基本合上，留一条小缝让气息慢慢地通过。

你可以每天到室外、到公园去练习吸气与呼气的基本方法，做深呼吸，天长日久定会见效。

第二步，练声。人类语言的声源是在声带上，也就是声音是通过气流振动声带而发出来的。

在练发声以前先要做一些准备工作。先放松声带，用一些轻缓的气流振动它，让声带有点准备，发一些轻慢的声音；千万不要张口就大喊大叫，那只能对声带起破坏作用。这就像我们在做激烈运动之前，要做些准备动作一样，否则就容易拉伤肌肉。

声带活动开了，还要在口腔上做一些准备活动。口腔是人的一个重要的共鸣器，声音的洪亮、圆润与否与口腔有着直接的联系。口腔活动可以按以下方法进行。

第一，进行张闭口的练习，活动嚼肌，也就是面皮；

第二，挺软腭，可以用学鸭子叫"gāgā"声来体会。

人体还有一个重要的共鸣器，就是鼻腔。有人在发音时，只会在喉咙上使劲，根本就没有用上胸腔、鼻腔这两个共鸣器，所以声音单薄，音色较差。练习用鼻腔的共鸣方法是，学习牛叫。但我们一定要注意，在平日说话时，如果只用鼻腔共鸣，那么也可能造成鼻音太重的结果。

还要注意，练声时，千万不要在早晨刚睡醒时就到室外去练习，那样会使声带受到损害。特别是室外与室内温差较大时，更不要张口就喊，因为冷空气一旦进入口腔，会刺激声带。

第三，练习吐字。吐字似乎离发声远了些，其实二者是息息相关的。只有发音准确无误，清晰、圆润，吐字也才能"字正腔圆"。

（2）要求。吐字发声时一定要咬住字头。"咬字千斤重，听者自动容"说的就是这个意思。发音时，紧紧咬住字头，嘴唇一定要有力，把发音的力量放在字头上，利用字头带响字腹与字尾。字腹的发音一定要饱满、充实，口形要正确。发出的声音应该是立着的，而不是横着的；应该是圆的，而不是扁的。如果处理得不好，就容易使发出的声音扁、塌，不圆润。字尾，主要是归音。归音一定要完整，也就是不要念"半截子"字，要把音发完整。当然，字尾也要能收住，不能把音拖得过长。

4）复述法

简单地说，复述法就是把别人的话重复地叙述一遍。这种训练方法的目的，在于锻炼人的记忆力、反应力和语言的连贯性。

（1）方法。选一段长短合适、有一定情节的文章。最好是小说或演讲词中叙述性强的一段，然后请朗诵较好的同学进行朗读，最好能用录音机录下来；然后听一遍复述一遍，反复多次地进行，直到能完全把这个作品复述出来。把第一次复述的内容录下来，然后对比原文，自检能复述下多少，重复进行，直至把全部的内容复述下来。

（2）要求。这种练习绝不单单在于背诵，而在于锻炼语言的连贯性。

5）模仿法

（1）方法。模仿法是一种简单易学、娱乐性强、见效快的方法，尤其适合青少年练习。模仿法有以下三种。

方法一：模仿专人。在生活中找一位口语表达能力强的人，请他讲几段最精彩的话，录下来，进行模仿。也可以把你喜欢的且又适合你模仿的播音员、演员的声音录下来，然后进行模仿。

方法二：专题模仿。几个好朋友在一起，请一个人先讲一段小故事、小幽默，然后大家轮流模仿，看谁模仿得最像。为了刺激积极性，也可以采用打分的形式，表扬模仿最到位的那位。这个方法简单易行，且有娱乐性。课上、课间、课后都可进行。只要有三四个人就能进行。应当注意的是，小故事、小幽默一定要新鲜有趣，大家爱听爱学。而且在讲以前一定要进行准备，一定要讲准确、生动、形象，千万不要带进一些错误的东西，否则模仿的人跟着错了，害人害己。

方法三：随时模仿。我们每天都听广播，看电视、电影，若随时跟着播音员、演播员、演员进行模仿，注意其声音、语调，以及神态、动作，边听边模仿，边看边模仿，天长日久，口语能力就能得到提高。

（2）要求。要尽量模仿得像，要从模仿对象的语气、语速、表情、动作等多方面进行模仿，并在模仿中有创造，力争在模仿中超过对方。

在进行这种练习时，一要注意选择适合自己的对象进行模仿。要选择那些对自己身心有好处的语言、动作进行模仿。有人模仿力很强，但在模仿时不够严肃、认真，专拣一些脏话进行模仿，久而久之，就形成了一种低级的趣味，必须反对这种模仿方法。

6）描述法

简单地说，描述法也就是把你看到的景、事、物、人用描述性的语言表达出来。描述法比以上几种训练法更进了一步。这里没有现成的演讲词、散文、诗歌等练习材料，而要求你自己去组织语言进行描述。所以，描述法训练的主要目的就在于训练个人的语言组织能力和语言的条理性。

无论是演讲、说话、论辩都需要有较强的组织语言的能力，没有这种能力也就不可能有一张悬河之口，组织语言的能力是口语表达能力的一项基本功。

（1）方法。先将一幅画或一个景物作为描述对象，并对描述对象进行观察。比如，所要描述的对象是"秋天的小湖边"，那么就要观察小湖的周围都有些什么，有树？有假山？有凉亭？还有游人？并且树是什么样子？山是什么样子？凉亭在这湖光山色、树影的衬托下又是什么样子，秋天里的游人此时又该是一种什么心情？这一切都需要用眼睛去观察，用心去体验。只有有了这种观察，描述才有基础。详细观察之后就是描述。描述时一定要抓住景物的特点，要有顺序地进行描述。

（2）要求。抓住特点进行描述。语言要清楚、明白，要有一定的文采。千万不要描述成流水账，平平淡淡，一定要用描述性的语言，尽量生动些，活泼些。要讲顺序，不要东一句，西一句，南一句，北一句的，描述出的东西，让人听后能知道描述的到底是什么景物。描述时允许有联想与想象。比如，秋天的小湖边有一位白发苍苍的老爷爷，孤独地坐在斑驳陆离的树荫下，你观察后可能有一种联想——想到了自己的爷爷，也可能想到这个老人的生活晚景，还可能想到"夕阳无限好，只是近黄昏"这句诗……在描述时，可以把这一切都加进去，这样描述得更充实、生动。

7）角色扮演法

"角色"一词，是从戏剧、电影中借用来的，是指演员扮演的戏剧或电影中的人物。这里的角色，与戏剧、电影中讲的角色，有着相同的意义。

角色扮演法，就是要学演员那样去演戏，去扮演作品中出现的不同人物。当然，这种扮演主要是在语言上的扮演。

（1）方法。

① 选一篇有情节、有人物的小说或戏剧为材料。

② 对选定的材料进行分析，特别要分析人物的语言特点。

③ 根据作品中人物的多少，找同学分别扮演不同的人物角色。

④ 也可一个人扮演多种角色，以此培养自己的语言适应力。

（2）要求。这种训练的目的，在于培养语言的适应性、个性，以及适当的表情、动作。这种训练法要求"演"的成分很重，有别于对朗诵的要求。它不仅要求声音洪亮，充满感情，停顿得当；还要求能绘声绘色、惟妙惟肖地把人物的性格表现出来，而且要配有一定的动作和表情。从这个角度看，这个训练是有一定难度的。

8）讲故事法

常言说："看花容易，绣花难。"听别人讲故事绘声绘色，很吸引人，可自己一讲起来，仿佛就不是那么回事了，干干巴巴，毫无吸引力。因此，讲故事也是一种才能，并不是人人都可以把故事讲好。学习讲故事是练口才的一种好方法。

（1）方法。自己熟悉一个故事，或者自己从小就知道的故事，有意识地讲给周围亲朋好友听；或者举办故事会沙龙，定期开展活动，把新鲜的故事绘声绘色地讲给大家听。

（2）要求。讲时要区分独白、人物对话，注意区分不同人物的性格特点、语气语态，要通过语言把不同人物、不同场景表现出来。另外，练习时还要注意设计自己的表情、动作。看看你讲故事时的表情、动作是不是与你所讲的内容相一致。

讲故事，可以训练人的多种能力。因为故事里面既有独白，又有人物对话，还有描述性的语言、叙述性的语言，所以讲故事可以训练人的多种口语能力。

1.2.6 实训计划制订

1. 制订训练计划前的准备工作

在制订训练计划之前，应该做好以下几项准备工作。

（1）对自己的演讲课能力进行评估。

（2）观看有关示范录像或请在这方面表现优秀的同学进行示范。

（3）了解训练内容和训练标准及评分细则。

（4）确定目标，即希望自己的演讲达到什么水平，或者想象一下成为优秀的演讲者的状态。

（5）确定能够进行训练的时间。

（6）确定准备采用的训练方法。

（7）确定是采用一对一的训练方式，还是采用集体训练方式。如果采用一对一的训练方式，能和谁配合。

（8）调整心态，将这次训练看作是一次快乐的旅行，同时还要做好面临挑战的准备。

2. 制订训练计划前的自我评估

在制订训练计划前，要对演讲能力进行自我评估，找出存在的差距，才能确定如何制订训练计划与怎样实施。

表1-3"演讲能力自我评估表"中列举了演讲训练的基本内容，每项内容的最高得分为5分，最低得分为1分。学生需要按照每项内容对自己进行评估，并在相应的分值栏内打"√"。

3. 制订训练计划的原则

制订训练计划要遵循"5W1H"的原则，即在制订训练计划时要写清楚以下内容。

when：何时训练，即训练的进度。

表1-3 演讲能力自我评估表

演讲训练内容	分值				
	1分	2分	3分	4分	5分
当众讲话的自信心					
内容的设计能力					
条理性					
讲解准确度					
语言表达的清晰度					
普通话的标准程度					

续表

演讲训练内容	分值				
	1分	2分	3分	4分	5分
对当众讲话时的礼仪标准掌握情况					
仪态、仪表知识的掌握程度					
衣着服饰、头发等细节的规范性					
时间的控制					
整体效果的掌控					

why：为什么训练，即每次训练的目的是什么。

what：练什么，即每次训练的内容是什么。

who（whom）：谁帮助你训练，以及你的听众是谁。

where：确定训练地点。

how：怎样练，即采用什么样的方式方法进行训练。

4. 演讲训练计划的格式

演讲训练行动计划表如表1-4所示。

表1-4　演讲训练行动计划表

学生姓名		班级学号		指导教师	
演讲水平现状分析					
训练计划					
时间	训练阶段目标	训练内容	训练方式	拟用训练时长	

训练设计

测测你的语言表达能力

表达能力是一种将自己的感觉正确地传递给他人的能力，传递的途径有很多种。你可以通过表情或形体语言暗示给别人你的心思，当然，最重要的表达方式还是你的语言。

因此，在这个测试中所包含的表达能力的大部分都是语言能力。一个人如果没有语言表达能力，就很难与别人交际，无法告诉别人所想或所愿。这里提到的语言能力不仅仅是指一个人能够正常地表达自己意思，而且还要通过正确的方式恰当地把自己的意思告诉别人，并获得别人的理解。

语言表达能力测试题如下。

（1）我在表达自己的情感时，很难选择准确、恰当的词汇。
（2）别人难以准确地理解我口语和非口语所要表达的意思。
（3）我不善于与和我观念不同的人交流感情。
（4）我对连续不断的交谈感到困难。
（5）我无法自如地用口语表达我的情感。
（6）我时常避免表达自己的感受。
（7）在给一位不太熟悉的人打电话时我会感到紧张。
（8）向别人打听事情对我而言是困难的事。
（9）我不习惯和别人聊天。
（10）我觉得同陌生人说话有些困难。
（11）同老师或是上司谈话时，我感到紧张。
（12）我在演说时思维会变得混乱和不连贯。
（13）我无法很好地识别别人的情感。
（14）我不喜欢在大庭广众面前讲话。
（15）我的文字表达能力远比口头表达能力强。
（16）我无法在一位内向的朋友面前轻松自如地谈论自己的情况。
（17）我不善于说服人，尽管有时我觉得很有道理。
（18）我不能自如地用非口语（眼神、手势、表情等）表达感情。
（19）我不善于赞美别人，感到很难把话说得自然、亲切。
（20）在与一位迷人的异性交谈时我会感到紧张。

语言表达能力测试结果如下。

每题均有两个测试结果："是"或"否"，答"是"得1分。

得分在14分以上者语言表达能力较弱；得分在9～14（含）分者语言表达能力一般；得分在5～8（含）分者语言表达能力较好；得分在5分以下者语言表达能力非常好。

第 2 章

演讲与口才基础训练

> **训练目标**

通过演讲与口才基础训练，培养学生良好的演讲心理素质，使之具备较高的驾驭语言的能力；掌握语言表达的技巧，能够在演讲中运用恰当的体态语；并熟悉演讲基本规则；掌握演讲的基本方法和技巧，在各种演讲场合中能够自如表达、举止得体、心态稳定，成为一名合格的演讲者。

> 身登演说台，其所具风度姿态，即须使全场有肃穆起敬之心；开口讲演，举动格式又须听者有安静祥和之气，最忌轻佻作态。处处出于自然。
> ——孙中山

当你看到优秀的演讲者在台上挥洒自如时，你可能会为他们的口才、风度所折服；但你也许不知道，他们今天所获得的成功是与他们长期坚持不懈的训练分不开的。没有一个人天生就是一个演讲家，即便如璞玉般具有良好潜质，如果不经过细细雕琢，又能让多少人看到其内在的光彩和价值。若想成为一名优秀的演讲者，乃至演讲家，必须注重内外同修。"内"是指心理素质，演讲者尤其要具备良好的心态，拥有充分的自信，只有这样才能在各种场合应付自如；"外"是指有声语言及体态语的运用，演讲者要注重每一个细节的训练，无论是走路的姿势、说话的声音、表情手势，甚至衣着和化妆，都不能掉以轻心。每个人都是有潜力的，但只有经过精心的设计和刻苦的训练，才有可能举止得体、言谈出众，才有可能使台上几分钟的演讲焕发出迷人的魅力。

2.1　心理素质的训练

　　心理素质是指个体的心理过程和个性心理特征及其水平。心理素质是人的整体素质的重要组成部分，是人进一步发展和从事活动的心理条件和心理保证。

　　演讲是个复杂的生理和心理过程，具备良好的心理素质是演讲获得成功的前提条件。所以，心理素质的训练是十分重要的。

2.1.1　演讲者必备的心理素质

1. 自信

　　自信亦称自信心，是个体相信自己能力的心理状态。自信是建立在对自己正确认知基础上的，是对自己实力的正确估计和积极肯定，是自我意识的重要成分，是心理健康的一种表现，是学习、事业成功的有利心理条件。

　　学美术的夏强毕业于一所名不见经传的省属普通高校。已毕业的学长们很少有工作如意的，有的甚至一直没有找到合适的工作。夏强的同学找工作时也是四处碰壁，用人单位一听说他们的毕业院校，就表示不欢迎，求职的同学们越来越没有自信。夏强求职时也遇到了这种情况。一家公司的考官看到他的简历就问："你的学校是个什么学校啊？我怎么没听说过？"夏强说："的确，我的毕业院校不是重点院校，更不是名牌院校，但是我相信我的能力并不比那些好学校出来的毕业生差。俗话说：'师傅领进门，修行在个人。'学生的能力主要还是个人努力的结果。好学校也有学得不太好的学生，一般学校也有出色的学生。尽管我不是名牌院校毕业生，专业也不是特别好，但我相信通过四年的努力，我学到的知识并不比那些好学校的学生差。"说完，他就把自己精心设计的一些作品拿了出来。精美新颖的作品让考官们眼前一亮，他们在商讨后便决定给夏强一个机会。（摘自《演讲与口才》2006年第5期）

【简评】

　　求职是一个推销自己的过程。在这个过程中每一个求职者要做的，无非是如何让招聘方认可自己。但要让别人认可自己，首先得自己认可自己。换言之，要充满自信，相信自己的优势能够弥补劣势。求职是这样，演讲也是如此。

　　在演讲、辩论中，充分的自信心能够使个体心绪镇静、记忆准确、表达流畅、神态自若，具备良好的竞技状态。

2. 豁达

　　豁达是指心胸开阔、性格开朗。宽容、大度是豁达的近义词。

李肇星出任中国驻美大使时，一天，他在美国俄亥俄州大学演讲，一个老太太突然问他："你们为什么要'侵略'西藏？"李肇星心里很气愤，但没有表现出来，而是微笑着询问道："夫人，您是哪里人？"老太太回答道："我是得克萨斯人。"李肇星表现出极大的耐心，细细地给她讲述了中国历史，然后说："你们得克萨斯州是1848年加入美国的，而早在13世纪中叶，西藏已是中国的一部分。您瞧，您的胳膊本来就是您身体的一部分，您能说您的身体侵略了您的胳膊吗？"李肇星这一说把老太太逗乐了，她心悦诚服，高兴地拥抱了李肇星，并说："谢谢您告诉了我许多事实，使我明白了历史的真相。"（摘自《演讲与口才》2006年第11期）

【简评】

这个小故事让人们看到豁达的心胸、冷静的头脑在演讲和交际中的重要性。俗话说，"得理不饶人"，而李肇星却对这位老太太礼让三分，坚持以理服人、以情动人，最后用了个反问，不仅形象地驳倒了老太太的错误观点，还以幽默风趣的比喻拉近了双方的距离。

应聘某跨国公司的刘军顺利地通过笔试，进入了面试。考官与刘军谈了一会儿后说："对不起，请您另谋高就吧。"刘军不卑不亢地起身微笑着说："谢谢各位考官，我尊重你们的选择。招聘人才是择优录取，每个单位都有自己的用人标准和尺度。可能我真的不适合贵公司，再一次感谢各位考官，再见。"结果，考官叫住他，说："恭喜你，刘先生，你被录取了。"（摘自《演讲与口才》2006年第8期）

【简评】

很多时候，考官希望看到一个求职者在失败的时候会有什么表现。如果他能豁达地面对失败，那么他可能有着非常好的心理素质。刘军能够坦然面对失败，这种豁达和大度，正是他良好素质的体现，可以想见，他在日后的工作中也能够锐意进取、百折不挠。

豁达是一种生活的态度，更是一种待人处事的思维方式。豁达一部分来源于性格，但更多的源于修养。在演讲中，豁达的心态有助于个体持论公允、客观。

3. 坚持

"坚"即意志坚强、坚忍不拔，"持"即持久、有耐性；坚持是意志力的完美表现。

2003年3月9日，著名歌唱家蒋大为从澳大利亚飞到重庆市，应邀为重庆市"走马桃花节"的开幕式引吭高歌。

蒋大为已经患感冒好长一段时间了，嗓子一直不太好。但是，他要来演唱的消息早已发布，为了不让观众失望，他不能不来。于是，蒋大为十分坦诚地向组委会说明了身体状况，说他担心演出时，自己的嗓子会出毛病。

当时，组委会为了防止意外，保证演出的效果，提出让蒋大为假唱，但他坚持要真唱。他发自内心地说："我要把最真实的艺术献给观众，哪怕唱砸了也在所不惜。"

蒋大为是作为压轴演员登场的。他说："既然来了，怎么也要给大家唱几首歌。"他一开场，声音就有点沙哑、颤抖，显得有点支持不住。此时，观众没有起哄，而是用整齐的节拍鼓掌给蒋大为加油。他顺利地唱完了第一支歌。

随后，蒋大为又在大家有节拍的掌声中坚持唱完了《北国之春》。当他唱《牡丹之歌》时，已经是心有余而力不足了，结果唱到"啊——啊——牡丹"的高音时，声音戛然而止。场下观众一片寂静，大家一时没反应过来，不知发生了什么情况。原来，几十年来从未在舞台上出现差错的蒋大为竟然在唱自己最拿手的歌时，突然失声了。

救场如救火。没等大家反应过来，现场一个穿西装的观众跑上台去，"抢"过话筒，模仿着蒋大为的声音与举止接着唱了下去。与此同时，台下爆发出一阵极为热烈的掌声。

这样的场面让蒋大为和组委会感动了。正是蒋大为对观众的真诚付出，才得到了观众们更真诚的支持和回报。（摘自《演讲与口才》2006年第2期）

【简评】

蒋大为当时明知自己的嗓子不太好，但为了不让观众失望，他坚持要来演出，不仅要来，他还坚持要真唱。正是他的这份坚持，赢得了观众的理解和支持。

有一个美国人，他的经历非常坎坷，但他不屈服于命运，坚持自己的信念，最终成为一个了不起的人。他22岁做生意失败，23岁竞选州长失败，24岁做生意再次失败，26岁爱侣逝世，27岁一度精神崩溃，29岁竞选议员失败，34岁竞选国会议员再次失败，46岁竞选参议员又遭失败，47岁竞选副总统失败，49岁竞选参议员失败，但51岁时他当选为美国第16任总统，真是屡败屡战。这个人就是大名鼎鼎的林肯总统。由此可见，坚持对人的成长、成功十分重要。

【简评】

每个人都渴望成功，但成功的确不是轻易能够获得的。除了要做一个有准备的人之外，还需要有持之以恒的决心和毅力。

坚持常常是成功的代名词。要成为一个优秀的演说家，同样要具备坚忍不拔的毅力和百折不挠的恒心，在实践中刻苦地磨炼自己，不断提高口才水平。

4. 镇定

镇定是指遇到紧急、意外的情况时不慌不忙的一种心理素质。

朱镕基任国务院总理时，在一次记者招待会上，有一位记者问："请问总理先生，无论下一届总理是谁，您认为他哪些方面应该向您学习，哪些方面不应该向您学习？"

朱镕基镇定地回答："关于我本人，除了埋头苦干外，我没什么优点。我不希望别人学习我。"接着，他话锋一转，说："前不久，香港某家报纸说我的本事就是拍桌子、捶板凳、瞪眼睛，那就更不要学习我了。（笑声）但是，这家报纸说得不对！桌子是拍过，眼睛也瞪过。不瞪眼睛不就成了植物人了吗？（掌声）板凳是绝对没捶过，那捶起来是很疼的。（笑声）至于说我这样做是为了吓唬老百姓，我想很少有人会相信这种说法。我从来不吓唬老百姓，只吓唬那些贪官污吏！"（掌声）（摘自《演讲与口才》2006年第2期）

【简评】

这位记者的提问十分刁钻，企图让朱镕基对自己的政绩及优缺点作一番评价；但朱镕基的回答非常巧妙，没有被这位记者牵着走，反而转移话题，不仅让人们看到了他过人的智慧和坦荡的胸怀，也让人们充分体会到镇定、冷静在交际和演讲中的重要性。

2005年11月初，中央电视台《今日说法》报道：浙江余姚11岁的小女孩毛毛，在上学途中被三个歹徒绑架。毛毛在紧张过后，想起了老师和爸爸、妈妈平时说的话。于是，她便和那两个看守她的歹徒聊天，她的天真活泼很快赢得了绑匪的好感。熟悉了以后，毛毛对他们说："叔叔，如果你们杀了我可以拯救更多的小朋友，那我也愿意死！以后你们一定要自己去赚钱。钱是不会从天上掉下来的，一定要靠自己的双手去挣啊！"正是这句话，感动得绑匪之一××流下了眼泪，放弃了加害毛毛的打算。（摘自《演讲与口才》2006年第2期）

【简评】

在生命攸关的时刻，11岁的毛毛没有哭哭啼啼地向绑匪乞怜求饶，也没有对他们怒目相向、破口大骂；相反，她镇定自若，用真诚和善良为自己赢得了生的希望。

在演讲过程中，随时会面临听众出人意料的反应及意想不到的突发事件，一旦出现这些情况，所要做的首先就是镇定。镇定能够帮助人们迅速作出积极的、恰当的情绪反应，尽快调整思路，随机应变，从而化被动为主动，变不利为有利。

2.1.2 演讲中常见的心理障碍

1. 自卑

自卑是对自己的知识、能力等作出过低的评估，进而否定自我的一种心理状态。

不少人都有这样的困惑：自己在日常生活中可以自如地谈话，但是一到正式的场合，特别是在陌生人面前，就常常会语塞，甚至张口结舌、语无伦次。导致这种情况发生的不仅仅是怯场心理,其中还有自卑感在作祟。演讲时的自卑心理通常来自以下四个方面。

(1) 担心自己的学识不精,怕说错话,惹人嘲笑。

(2) 对自己的口语表达能力缺乏信心,害怕"词不达意"。

(3) 缺乏实践锻炼,很少在陌生人面前和大庭广众之下开口说话。

(4) 有些人存在口吃等生理缺陷羞于开口,也有些人因方言重时常惹人嘲笑而不敢说话。

有以上这些顾虑,就难免会产生自卑感,一到正式场合开口演讲,就会丧失勇气,导致演讲失利。

2. 怯场

怯场就是当众发言、表演时,因紧张、害怕而神态、举止不自然。

在演讲时,当一个人孤单地站在讲台或舞台上,面对大庭广众,自然会产生一种心虚、胆怯的心理。这是一种正常的心理反应,并不是个别人才有的特例。美国南北战争时期的英雄将军格兰特不可谓不胆大,但他对登台演讲却有一种天生的恐惧。他曾对人说,他一站到台上,"就像得了脊髓病一样",站都站不直,立都立不稳。幽默大师马克·吐温描述自己初期演讲时的心理感受时说:"嘴里像塞满了棉花,脉搏跳得像在争夺赛跑奖杯。"戴尔·卡耐基说:"当人们邀请我起来讲话时,我觉得很不自在、很害怕,我不能清晰地思考,不能集中心神,记不得自己要说的是什么。"他曾说起,在他的几千万名学员中,差不多有 80% 的人其实都是为寻求克服怯场恐惧症的方法而来的。

英国现代进步剧作家和批评家萧伯纳(1856—1950)同时也是一个自信且出色的演讲家。但在他年轻的时候,萧伯纳口才并不好,并且十分腼腆怕羞。他后来说道:"说起受单纯怯懦的折磨,恐怕谁也没有比我更甚的了,我常常难堪得无地自容。我学演讲就像学滑冰,办法就是不断让自己显得像个傻瓜,直到习惯了为止。"为了锻炼自己的胆量,萧伯纳加入了一个辩论组织,几乎每一次伦敦的辩论会他都参加,并且积极发言,不断累积经验,就这样他逐渐消除了恐慌。

我国著名演说家曲啸被时人评为"天生的好口才",但他却笑着说:"哪来的天才呀?不敢当。我小时性格内向,说话还口吃,越急越结巴,有时涨得脸通红也说不出话来……"为训练心理素质,他常常早晨迎着寒风跑到沙滩高声背诵高尔基的散文诗《海燕》。他也不放过一切"说"的机会,积极参加辩论会、演讲比赛、朗诵会、话剧演出,终于有一次在"奥斯特洛夫斯基诞辰纪念会"上,他拿着一份简单的提纲,一口气竟作了两个小时的精彩演讲。那时,他还是一名高中生。

萧伯纳和曲啸的经历值得大家借鉴。事实上,具有严重怯场心理的往往是一些涉世不深、阅历较浅、性格内向、不擅辞令的人。他们缺乏必胜的信心，登台前就已经产生了沉重的心理负担，而在看到排在自己前面的演讲者有较好的发挥后，内心压力就会更大，影响自己的发挥。但实践证明，只要积极投入实践，怯场感是能够减弱甚至消退的。

不过，有关研究表明，轻度怯场对演讲反而有帮助，因为轻度怯场使人对外来的刺激保持了某种警觉性，应变能力更强，表达更流畅。

3. 自大

自大是形容个体妄自尊大、自负的心态，是一种以自我为中心的心理障碍。自大者往往自以为了不起，习惯于过高地估计自己，只顾自己的感受，妄自尊大。无论是日常交际和工作，还是演讲比赛，自大心理都是非常有害的。在日常交际和工作中，自大容易使人孤傲离群，恶化人际关系，不利于工作的开展；而在演讲时，自大的人容易轻视竞争对手，过高地估计自己的能力，盲目乐观，自我满足，从而招致失败。

小邓一直自诩为"高级人才"，他总觉得自己的思维与众不同，能力也高人一等。在学校的时候他就整日幻想着毕业后能有一份让人美慕的工作。平日他经常不去上课，拿着一个本子说是要搞文学创作，可是到大学毕业的时候他连一篇文章也没有发表，成绩却有几门不及格。而他仍然自命不凡，觉得自己素质很高、能力很强。结果在招聘的时候，几乎所有用人单位的考官看了他的简历都摇头，这让小邓感到十分苦恼，觉得自己总是遇不到伯乐，才华无处施展。（摘自《演讲与口才》2006年第5期）

【简评】

许多大学生的自我感觉都很好，认为自己是很有能力的。像小邓这样盲目自大、过高地预测自己水平的人也不在少数。其实，越是有学识的人就越会意识到自己学识的浅薄，而越是没有多少真本事的人才会越自以为是。

4. 嫉妒

嫉妒就是与他人比较，发现自己在才能、名誉、地位或境遇等方面不如别人而产生的一种复杂情绪，由焦虑、恐惧、悲哀、猜疑、羞耻、自咎、消沉、憎恶、敌意、怨恨、报复等组成。有嫉妒心的人为了获得心理平衡和满足常常会对被嫉妒的人做一些破坏性事情，如散布对其不利的言论，甚至进行人身攻击。嫉妒往往发生在相同职业，或者年龄相近、身份相似的人身上，通常由于两者在利害关系上有着某种联系，或者是竞争者的关系。在演讲比赛时，竞争对手的优势常会招致嫉妒，从而引发不正当的竞争方式，或者影响自己的发挥。

有一位男青年到一家广告公司应聘部门经理。经过三轮应试，只剩下包括这位青年在内的5人进入最后"5分钟演讲"阶段。演讲阶段5个人发挥得都很出色。最后，还是这位青年应聘成功了。可让他胜出的原因却令人难以想象：据说他在听到一位竞争对手演讲到精彩之处时，情不自禁地为他鼓掌喝彩。这一无意间的举动，被担任主考官的老总认为是"善于欣赏和吸取别人的优点，是富有团队精神的体现"。男青年乐于为他人喝彩，无形中为自己赢得了"附加分"，增加了制胜的砝码。

【简评】

作一个假设，如果这位男青年在看到对手的精彩表现时心生嫉妒，忍不住作出一些陷对方于不利境地的举动，而这些举动又落在招聘方的眼里，那么毫无疑问，最后胜出的人绝对不会是他。由此可见，嫉妒不仅对他人不利，对自己也无益。

2.1.3 克服演讲心理障碍的方法

1. 克服自卑心理

克服自卑心理，首先要调整好心态，其次也要采用一些方法，通过不断训练来克服自卑感。

1）摆正心态

要克服自卑感，最重要的是摆正心态。要正确认识自我，客观看待他人，保持一颗平常心，冷静对待评价。

在与他人比较时，一方面要正确认识自我和他人，要看到人有所长也有所短，己有所短也有所长，不需要为自己的短处而自卑自怜，更不要拿自己的短处同别人的长处去比较；另一方面要合理地选择比较对象，确立合理的评价参照系和立足点，不要以强者为标准，否则可能加重自卑心理。另外，对于他人的评价和反馈要冷静、客观地对待，不能不在意，也不能过于在意。

合理的比较方式是多作纵向比较，少作横向比较。所谓纵向比较，就是拿自己的不同时期进行比较。例如，在口才表达上，自己这个月比起上个月有了进步；又如，自己的演讲水平今年比去年有了明显提高等。纵向比较更容易树立自信心。

2）自我强化

人的能力是可以通过训练和强化得到提高的，演讲能力同样如此。在进行训练和强化时，要制订合理的计划，注意循序渐进、持之以恒，不可操之过急，也不能自暴自弃。可以先从简单的做起，将目标定得小一些，这样可以使自己比较容易获得成功，从而在内心累积愉悦感，逐渐增强自信心。在取得一定的进步和成绩之后，适当提高难度，要保证能在克服困难的情况下，可以挑战和提高自己的能力。例如，初次发言或演讲，可以选择在熟人面前（如宿舍同学）进行训练，人少一点，场地小一点，环境熟悉一点，氛围轻松一点，这样就不至于太拘谨和紧张，有利于正常发挥；有了成功的体验、获得一定的自信之后，要考虑改变环境，扩大场地，增加人数，允许有陌生人和师长的出席，给自己一定的压力；接下来也是以此类推。这种"小步前进"的训练方式比较容易积累自信心，逐步克服自卑心理，对于初学者来说，是一个有效提高表达能力和演讲水平的途径。不过，在训练中难免会有失败和不尽如人意的地方，切忌气馁和放弃，要冷静回顾，及时总结，改进不利因素，重新开始。

3）自我暗示

实践证明，在演讲之前进行自我暗示是一种积极有效的心理调节方式。自我暗示的话语有很多。例如：

"我一定行！"

"我准备得很充分，肯定可以成功！"

"我不会比别人差！"

"昨晚我休息得很好，现在我精力充沛、记忆良好，我一定能发挥到最好！"

"再坏的情况我也遇到过了，这一次，我一定没问题的！"

这些自我暗示可以是在内心默默自语，也可以找一个无人的地方大声说出来；最好是对着镜子，凝视自己然后用微笑的表情、自信的口吻大声说几遍。这些做法，尤其是后者看来十分可笑，但其实是一种积极的自我肯定，会在潜意识里帮助自己克服自卑和胆怯，增强自信。

2. 克服怯场心理

怯场心理通过调节是可以缓解，甚至消除的。

1）准备工作充分

演讲前做好充分的准备工作，能有效提高自信心，缓解怯场心理。

林肯曾说过："即使是有实力的人，若缺乏周全的准备，也无法做到有系统、有条理的演说。"林肯当年在葛底斯堡国家烈士公墓落成典礼仪式上所作的演讲就是一个因准备工作充分而获巨大成功的典范。他用了两周时间反复琢磨，不断修改删减，多次试讲排练，并虚心听取意见，最后仅以简洁凝练的十句话作了这次符合身份、切合场景地点的名垂青史的演讲。

"凡事预则立，不预则废。"实践证明，缺乏准备或准备不充分，极容易由心虚而引起怯场感。一个人要想在台上或与人交谈时充满自信、滔滔不绝，一方面要注重平时的知识积累；另一方面在正式演讲前应做好充分的准备工作，如精心撰写演讲稿，熟练掌握演讲内容，精心设计和纯熟地掌握表现这些内容的艺术形式，熟悉听众的素质水平和接受能力，了解其他选手的优缺点，预想到可能出现的如听众骚乱、设备故障等突发情况，并事先想好应对措施，最好对演讲的场地、布局也能事先有所了解，消除陌生感等。准备工作充分周全，能够极大地增强自信,有利于在演讲中自如发挥。

值得一提的是,在熟悉掌握演讲内容这一环节中,很多人尤其是初学者,把能够背诵演讲稿作为准备工作充分的标志,但实际上这是片面的理解。机械式的记忆不仅会形成单调的"背诵节奏",使演讲的魅力大打折扣,而且在出现突发情况时往往会使演讲者卡壳、停顿,导致出现冷场或笑场。

著名政治家、演讲家丘吉尔在他年轻时也常常依靠背诵演讲稿而后发表演讲。在一次国会会议的演讲中,丘吉尔突然忘记了下面的一句话,他不断重复最后一句话仍然无济于事,只得面红耳赤地回到座位上。从此,丘吉尔放弃了背诵演讲稿的准备方式。

从接受美学来说,听众越是感到你在与他们交谈,那么你演讲的效果就越好;而背诵或念稿子,无疑会使演讲效果大打折扣。因此,建议采用提纲记忆法,也称要点记忆法。就是按照演讲思路用小卡片记录各部分的要点:论点、数据、人名、地名及关键词等,然后反复思考和熟悉这些提纲要点,演讲时只要将提纲要点作为提示记忆的依据即可。

2)反复试讲演练

大量的试讲演练不仅可以帮助演讲者反复熟悉演讲内容和体态语,还可以帮助演讲者建立充分的自信,避免因准备不充分或不适应演讲环境而引起惊慌失措。

试讲演练分为两种:一种是无目的的演练;另一种是有目的的演练。无目的的演练者是一种积累,演讲者平时要多留意名家的演讲,不断模仿,对镜练习,纠正自己的语音,锻炼遣词造句能力,改掉多余的小动作,训练规范的体态语。林肯在青年时代就经常模仿律师、传教士的演讲,独自一人对着森林或在玉米地里反复练习。有目的的演练往往是为了参加正式的演讲比赛,或者在某些会议上需要发表演讲。这种情况下,演讲者可以找些同学、同事或亲朋好友,找个场地进行试讲,既可以感受现场气氛,还能够听取意见加以改进。

3)临场前积极自我暗示,用深呼吸排解压力

在演讲之前,有些人看到同台竞技者自信的神情和出色的表现难免会打退堂鼓,有的人还会联想到自己从前失败的经历,从而主观地下消极定论:"我一定比不过他们。"也有些人看到台下场面较大,或看到权威人士的出现而心生恐惧:"我肯定会被人笑的。"这些消极暗示会加重胆怯、紧张的心理,如果不及时加以克服,最后难免会演讲失败。

现代心理实验已证明:积极的自我暗示是学习中的心理动力,一般都会产生良好的效果。即便有时自我暗示是假定的,也能起到意想不到的作用。

因而在演讲之前要进行积极的自我暗示,一方面要相信自己的准备是充分有

效的，自己是有能力演讲好的，把注意力集中在演讲上；另一方面要放下思想包袱，遇到比自己优秀的人，心态要平和，可以自我暗示："他今天一定花了不少精力，只要我肯努力，有朝一日，我定会超过他！"或者："只要我扬长避短，我也能超过他！"遇到台下有权威人士或名人，可以这么暗示："大家都是人，有什么好紧张的！"听到他人的种种议论，不必太介意，"走自己的路，让别人去说吧。"放松心情，放下包袱，让自己洒脱地进行演讲。

另外，在自我暗示的同时也可以配合深呼吸进行减压。适度的深呼吸可助人缓解紧张、焦虑、烦闷等情绪。演讲者可在背人处放松身体，目视远方或闭上双眼，像闻花香一样将空气吸入，然后缓缓呼出，同时心中默念积极的暗示语言或仅仅默数数字。反复几次，可以有效地放松心情。

4）演讲过程中可采用"目中无人"或"视而不见"的方法

古希腊最伟大的演讲巨匠德莫西尼在成功之前有过一段灰暗的时光，尽管他已经很好地掌握了各种演讲技巧，但仍屡遭惨败。他的一位朋友告诉他："你败于怯场。现在看来，你要设法越过心理障碍。我想，可以助你达此目的的办法只能是：你应该在讲台上目中无人，权且把你的听众都当作驴！"

当然，这位朋友的比喻是不雅的，但他植入德莫西尼心中的暗示却发生了奇效，使德莫西尼很快就跨过了心理障碍，一跃而成为大演讲家。

在演讲时，初登讲台的人由于不敢与观众作眼神交流而不由自主地表现出目光闪烁、表情异样，甚至出现低头、侧身、背身等不正确姿态。初学者不妨试试采用"目中无人"或"视而不见"等目光回避法，看似同观众目光对视，实际上并没有聚焦，并且目光要来回流动，让观众感觉到演讲者是在同自己作交流的。这种方法既避免了演讲者直接和听众目光对视所产生的紧张局促，又能给听众留下落落大方的印象。

5）积极锻炼胆量，加强实践练习，培养当众说话的勇气

胆量和能力一样都是通过锻炼能够得到提高的。如果知道自己是个胆小害羞的人，平时就要积极锻炼胆量。例如，走路时要抬头挺胸，主动和人打招呼；上课或开会时坐到显眼的位置，并积极主动举手发言；以小组或宿舍为单位组织经常性的即兴演讲；主动和陌生人讲话；与人说话正视对方的眼睛。

平时还要加强演讲练习，创造各种实践机会。只有多登台，才能掌握丰富的演讲经验，掌握规律，做到心中有底胆气壮。

3. 克服自大心理

自大者容易陷在自我狭小的空间里不能自拔，将演讲变成纯粹的自我表现，陶醉在自己的世界里，以我为尊，目空一切。克服自大心理的调节方法主要有以下几种。

1) 客观、准确地评价自己和他人

无论是自己还是他人，都各有优缺点，在进行审视和评价时要尽量客观、准确。评价自己时，既不可妄自菲薄，也不可盲目自大；评价他人时，同样不能夸大对方的长处，神化对方的能力，也不能只看到他人的短处或把别人看得一无是处。

2) 接受批评，并能够自我批评

要知道故步自封只能导致盲目自大，因此，要改变自大心理，一定要能够虚心聆听他人的观点，冷静接受他人的批评和指责。但虚心接受意见只是第一步，自大者还要在这个基础上重视内心的反省，通过内心的力量消化、吸收他人的批评，改变自大的心理，从而改变过去固执己见、唯我独尊的外在形象。

3) 学会尊重他人、关爱他人

有付出才能有回报。同样的道理，要别人尊重自己，首先自己要尊重别人。不仅要尊重人，还要学会关爱他人，为他人着想，为他人奉献。不仅要"目中有人"，还要"心中有人"。只有这样，才会得到他人真心的尊重和关爱，才会得到珍贵的友谊。

4) 正确看待荣誉，端正演讲动机

演讲主要是为了切合时代和形势的需要，弘扬正气、宣传真理，因而演讲者的形象也要求正直、磊落。如果把个人的荣誉和得失看得太重，反而同演讲的主旨背道而驰。

4. 克服嫉妒心理

善妒者往往是心胸狭窄之人，心里容不下别人，整日多疑多虑、忧心忡忡，自然也无暇提高自己。因此首先要认清嫉妒的危害，积极拓宽心怀，完善自己的个性心理，正确地看待他人的成功，努力提高自己。

1) 嫉妒有害于身心健康

人一旦产生嫉妒，就会萌生焦虑、恐惧、悲哀、猜疑、羞耻、自咎、消沉、憎恶、敌意、怨恨、报复等复杂的消极情绪，长期陷在这些情绪中，不仅会使人自卑内向、郁郁寡欢，影响身心健康，还会使人无暇考虑如何提高自己，从而耽误前途，于人于己都没有好处。只有认识到嫉妒的危害，才能从心理上高度重视，为克服嫉妒心理做好必要的铺垫。

2) 拓宽心胸，学会宽容待人待己，学会换位思考

要改变心胸狭窄的弊病，以宽容的态度对待生活。善妒往往是自私自我的表现，潜意识里总担心别人比自己强。因此，一方面在积极进取的同时要保持一颗平常心，要认识到人的能力有强弱之分，别人取得了成绩并不等于自己的失败，多用宽容之心看待别人和自己，给自己一个较大的心理空间；另一方面要学会换位思考，站在别人的角度设身处地地为他人着想，正确地认识别人的优势和成

功，转而思考自己的问题所在。

3）提高自己，丰富自我

嫉妒往往是因为别人比自己强，如果自己具有开阔的视野并具备足够的能力，就不会庸人自扰。因此，减少嫉妒的一个重要方法就是集中精力学习和工作，将大量的时间都用在充实、丰富自我和提高自身能力上。这样做一举两得：一方面提高了自己的能力；另一方面闲暇时间少了，自然也就减少了"无聊生是非"的机会。

训练设计

（1）走路时练习抬头挺胸。

（2）每天放声大笑10次，培养乐观情绪，放松心情。

（3）暗示训练：每天清晨默念10遍"我一定要最大胆地发言，我一定要最大声地说话，我一定要最流畅地演讲。我一定行！今天一定是幸福快乐的一天！"

（4）想象训练：至少5分钟想象自己在公众场合演讲，想象自己成功。

（5）利用各种机会同陌生人说话，每天至少同5个人有意识地讲话。

（6）每天训练自己"3分钟演讲"一次或"3分钟默讲"一次。

（7）每天给亲人、同事至少讲一个故事或完整地叙述一件事情。

（8）练习当众说话，争取第一个上台演讲，活动结束后最好互相进行讲评，指出存在的问题。

（9）演讲成功后要及时加以庆祝，这有助于增进自信。

2.2　语　音　训　练

演讲是有声语言的艺术。演讲者需要具备较高的驾驭语言的能力，掌握语言表达的技巧。因此，为了使自己的语言达到发音纯正、字正腔圆、自然流畅、感情充沛的标准，使演讲更具有表现力和感染力，在平时就应该注重语音训练。

2.2.1　发声训练

发声时的正确姿态：挺胸收腹，肩部放松，颈部、背部自然挺直，身体呈挺拔向上状态。这样的姿势能够保证气流运行畅通，具备良好的共鸣效果，使语音自然流畅、浑厚有力、悦耳动听。

1. 气息训练

气息是使声音洪亮悦耳的原动力。演讲时，气息的运用十分重要。气息过弱，音量必定会小，说出的话不能有效传送到听众耳中；气息过强，虽然听众听得清楚，但效果不见得很好，并且时间长了，自己也会累。气息控制除了会直接影响声音的大小、高低，还能够影响情感的表达。因此，要想使自己的声音运用自如、响亮清晰，又能传达出应有的情感，必须掌握一定的气息运用技巧。

1）呼吸训练

常见的呼吸法有胸式呼吸、腹式呼吸和胸腹联合呼吸三种。胸式呼吸也称浅呼吸，靠上提肋骨扩大胸腔的水平度来吸气，由于吸入气流不多，因而发声细小，难以持久。腹式呼吸也称深呼吸，靠下降横膈膜扩大胸腔的垂直度来吸气，大声说话久了容易疲劳。胸腹联合呼吸既有胸式呼吸水平方向的扩张，又有腹式呼吸垂直度的拉大，在肋骨、横膈膜和腹肌的共同作用下，胸腔得到扩展，流过肺部的气流明显增加。这种呼吸方法，胸腔容积大，控制力强，支持时间长，这就使发声有了根基，可以自如地调整声音的强弱、高低、长短，以适应讲话中各种发声运动的需要；同时，还可减轻喉头发声的压力，不仅能发出柔美圆润的音色，还能使嗓音不易沙哑，不易因疲劳而失声。

对于演讲这种费时较长，同时又讲求音量、音质等效果的说话方式来说，最适合的呼吸方法就是胸腹联合呼吸。

人的呼吸过程有以下两个步骤。

（1）吸气。保持站立姿势，上体正直，肩部放松，内含含胸，小腹微收。随着气流通过鼻腔均匀吸入肺中，胸、肋、腰有膨胀并外扩的感觉，同时利用小腹收缩的力量控制住气息不使其外流。同时要注意：吸气要深，但不可过满，七八分足矣。因为过满则不易控制，容易一泻而出。

（2）呼气。姿势不变，同吸气，腹肌用力，使横膈膜慢慢上升，两肋和腰部逐渐放松，将肺部的气缓缓呼出。同时要注意：呼气要均匀，不可忽快忽慢、忽大忽小，保持柔和度和持续性。

呼吸练习时要循序渐进，开始时练缓吸缓呼，然后再练急吸急呼。另外，在配合语句进行练习时，要学会节约用气，要根据语句的需要控制吐气量。一句话说完以后，不能一下子把气放光，时刻要留有"余气"，以避免出现底气不足或"气竭"的现象。

2）换气训练

在演讲时，要根据需要有意识地安排时间不等的停歇，而每次停歇都需要及时换气、补气，以保持声音的饱满、流畅，保证语气从容和情感自然。换气的方法有以下两种。

（1）大气口。气口即换气之处。大气口也就是少呼多吸的换气法。演讲时，在表达允许有短暂停顿的地方，先吐出少量的气，紧接着深吸一大口气，为以后的话语准备足够的气息。

(2) 小气口。小气口是只吸不呼的换气法，也称"偷气"，是一种不露痕迹的弥补底气的方法。演讲时，在话语停顿处急吸一小口气，或者在说完一个字时带回一点气，这都属于小气口。

讲话时不失时机地换气，不仅自己说着流畅，别人听着也舒服。所以，在训练时，必须重视换气，学会安排大、小气口，使自己对气息的运用自如、熟练。

2. 共鸣训练

共鸣训练能够使人的声音更加集中、圆润、响亮，并具备一定的穿透力。常用到的人体共鸣腔主要是口腔、鼻腔、胸腔。其中，以口腔共鸣为主，胸腔共鸣是基础，鼻腔共鸣起辅助作用。

共鸣训练方法有以下三种。

1) 口腔共鸣训练

在进行发声训练前，可用"半打哈欠"法来体会共鸣时口腔的状态。将双唇收拢并用力，下巴、喉部放松，牙关打开，鼻咽关闭。

2) 鼻腔共鸣训练

可以通过鼻辅音 m、n、ng 来体会鼻腔共鸣，还可试着发"嗯——"音。先闭口发"嗯——"音，然后逐步张开口，此时若能使"嗯——"音不随嘴巴的开合而出现音色明暗的变化，则表明鼻腔共鸣准确；还可发 a 的中高长音，此时用手摸脸颊，可感觉脸部振动，表明口腔和鼻腔在共鸣。

3) 胸腔共鸣训练

尝试发 a 的低长音，此时用手按胸口，可感觉胸部振动，这表明胸腔在共鸣。

3. 吐字归音训练

吐字归音是说唱艺术特有的一种发声方法，是指在吐字发声时要咬准字头（主要指声母），吐清字腹（韵头和韵腹），收住字尾（韵尾）。

演讲者可以通过吐字归音训练的方法来提高口语表达水平，使自己的口齿更加清晰，语音更加圆润。

吐字归音的要领有以下三个。

1) 字头要咬准，"出字"要有力

字头是指声母或声母加韵头。发字头音时要注意发音部位准确，发音动作标准，要咬住字头，"出字"要有力、短促。

2) 字腹要响亮，"立字"才圆满

字腹也就是韵腹。字腹发得好，字就"立"起来了。发音时要有意强调，适当拖长、念重一点，经过共鸣处理，声音才会圆润饱满，达到"腔圆"的效果。

3) 字尾要收全，"归音"要到位

字尾即韵尾，字尾的发音也称"归音"。字尾同字腹相比，其音质多含糊不定，容易被忽略不读，出现草草收尾的情况。所以，需注意归音到位，干脆利落地收好字尾。

字头、字腹、字尾虽然是一个字音的三个部分，但在发音时不可分割开来，要作为一个整体去对待，掌握从字头到字腹再到字尾的圆润过渡，使每个部分到位且衔接流畅，确保出字有力、立字圆满、归音到位。

2.2.2 朗读技巧训练

朗读就是将书面形式的语言材料经过艺术加工化为有声语言的过程。要使朗读接近或达到完美，除了要做好朗读前的准备工作，以及读准普通话的声韵调之外，还要重视并合理运用停顿、重音、语速、语调等技巧。

1. 停顿

停顿，是指朗读或说话时出于人的生理需要、语法需要或感情需要而出现的声音上的间断。适当的停顿不仅可以使说话者得到歇息的机会，还能够准确地表达语言的内容和文章的感情，给听众一定的思索和回味的空间，达到"此时无声胜有声"的表达效果。如果不懂得适时的停顿，滔滔不绝地一直讲下去，就会使人有急促感，显示不出说话者的感情和力度。

林肯非常善于使用停顿。当他说到某一项要点时，他会倾身向前，盯住对方的眼睛，可达一分钟之久而不说一句话。这种突然而来的沉默和突然而来的声响有相同的效果：能够吸引人们的注意力。正如美国作家马克·吐温所说："恰如其分的停顿能产生非凡的效果，这是语言本身难以达到的。"

停顿可以分为以下两种。

1) 语法停顿

语法停顿也称为自然停顿。这种停顿往往是受语言的内在结构制约而作出的，可以分为以下两种情况。

（1）在书面形式上用段落和标点符号来体现，也称为句读停顿。句读停顿时间的长短大致参照以下标准：段落>句号（问号、叹号）>冒号和分号>逗号>顿号。朗读时根据段落和标点符号来作停顿，就能够做到语义层次分明。

世界上有这样一种奇妙的东西：它最长又最短，最慢而又最快，既可扩展到亿万斯年无穷大，又能分割为分分秒秒无穷小；它对人类最公正而又最偏私，最慷慨而又最吝啬；它最容易被人忽视而又最令人后悔；你珍惜它，它就对你慷慨；你忽视它，它就对你吝啬，甚至惩罚，让你后悔终生。因此，它的价值最为平凡而又最为宝贵。它是什么？它就是时间！古往今来，多少文人圣贤为它讴歌，为它赞叹！（钟礼平《时间赋》）

（2）在没有标点符号的句子中间，按语法成分所作的停顿。这种停顿的时间比句读停顿要短。

被你从你的公馆门口一脚踢开的那个讨钱的老太婆/现在怎么样了？（马克·吐温《竞选州长》）

这句话的主语"老太婆"之后要作一短暂停顿，这是主语和谓语之间的停顿。

另外，在岛上你会时不时地听到/人家窗户里传出悠扬的琴声。

这句话的谓语动词"听到"后要作一短暂停顿，这是动词和较长的宾语之间的停顿。

其他短暂停顿还有联合结构之间、修饰语和中心语之间等。这些成分之间不是必须要停顿，要视具体句子而言。

2）感情停顿

感情停顿也称强调停顿。这种停顿往往是为了表达语言蕴含的某种感情或心理状态，如激动、悲伤、紧张、疑虑、沉吟、回忆、思索、深情等，使用这种停顿时不受语法限制。感情停顿是一种极重要的语言表达技巧，它能充分展现"潜台词"的魅力，使听众能够参与其中，领会那些无法言表的思想感情。有意识的停顿不仅使讲话层次分明，还能重点突出，吸引听话人的注意力。感情停顿可长可短，视感情的需要而定。

沉默呵，沉默呵！不在沉默中/爆发，就在沉默中/灭亡。（鲁迅《纪念刘和珍君》）

在这句话里，如果在"爆发"和"灭亡"之前作一短暂停顿，能够使听众深切感受到"沉默"的可悲，唤起听众"爆发"的意识，并将演讲者沉痛的心情表露无遗。

让他一个人留在房里还不到/两分钟，等我们再进去时，便发现他在安乐椅上安静地睡着了——/但已经是永远地睡着了。（恩格斯《在马克思墓前的讲话》）

这两处停顿能够真实地表现出恩格斯痛惜不已而又强忍悲伤的心情。

2. 重音

在演讲和交际中，为突出主题、思想和感情，会对某些词或短语进行重读，被重读的词或短语就是重音。重读不当或没有突出重音，往往会影响表达，造成误解。

他为什么"答非所问"

赵大妈家的电视机出毛病了。她想起隔壁的高云是个电工，就去敲他的门："高云呀，你会不会修电视机？"

"我不会修电视机。"(重音放在"修"字)

"不会修,敢情是装配过电视机……"

"我不会修电视机!"(重音放在"电视机")

"我家收录机也坏了,帮我……"

"我不会修电视机!"(重音放在"我")

"你们玩电的小哥们儿多,你帮我找一个……"

高云把门打开,急得直抓头,说:"大妈,你怎么总是听不懂我的话呢?"

赵大妈说:"我说,你怎么老是把话答岔了呢?"

在这个案例中,赵大妈同高云总是"对"不起"话"来,原因就在于高云没有把握准重音。如果他一开始就回答"不会",就明确回答了赵大妈提出的"会不会"修电视机的问题了。

重音可分为语法重音和逻辑重音。

1) 语法重音

语法重音是根据语句结构来体现重音的,一般需要重读的有谓语、宾语、定语、状语、补语、疑问代词、指示代词等。这类重音在朗读时不必过分强调,只要比其他音节读得稍微重些就可以了。

2) 逻辑重音

逻辑重音是为了某种目的而需要特别强调某些词或短语。

(1) 我知道你会跳拉丁舞。(别人不知道你会跳拉丁舞。)

(2) 我知道你会跳拉丁舞。(你不要瞒着我了。)

(3) 我知道你会跳拉丁舞。(别人会不会跳我不知道。)

(4) 我知道你会跳拉丁舞。(你怎么说不会呢?)

(5) 我知道你会跳拉丁舞。(会不会跳民族舞我不知道。)

逻辑重音同语法重音有时是一致的,有时并不一致。逻辑重音相比较于语法重音,在朗读中更为重要。逻辑重音往往代表了特殊的感情色彩,如果读得不对,就会影响语义的明确性,从而影响文章的原意。

重音的表现方法并非只有将某些词语读得重些。除了加强音量之外,还可以有意地将某些音节拖长,引起听众的注意,从而起到强调作用。另外,在表现微妙、细腻的感情时,不妨试着用减轻音量、加强音势的方法,将重音表现得低沉而有力,也能够起到强调的作用。

3. 语速

语速是指朗读时吐字发音的速度。语速也能够表情达意,利用缓急快慢来表现文章的思想、情感等变化。一般语速有快速、中速、慢速三种。

1) 快速

快速多用于表现兴奋、热烈、轻快、欢畅、焦急、紧张、愤恨、抨击、斥责等情感,表现急剧变化、发展的场面,表现辩论、争吵等谈话方式,表现机警、泼辣、爽朗的人物(特别是年轻人)的语言、动作和性格等。

(1) 竹外桃花三两枝,春江水暖鸭先知。蒌蒿满地芦芽短,正是河豚欲上时。(轻快)

(2) 我的狗慢慢地向它靠近。忽然,从附近一棵树上飞下来一只黑胸脯的老麻雀,像一颗石子似的落到狗的鼻子跟前——它全身倒竖着羽毛,惊惶万状,发出绝望、凄惨的叫声,两次扑向露出牙齿、大张着嘴的狗边去。(急剧变化的场面)

(3) 他三步并作两步飞快地走了。(动作的迅速)

2) 中速

中速多用于客观的叙述、说明、议论等,表现起伏不大的、平淡的感情。

(1) 你说了算吧,我没意见。(冷淡)

(2) 我打猎回来,沿着花园的林荫路走着。(叙述)

(3) 普通话就是以北京语音为标准音,以北方话为基础方言,以典范的现代白话文著作作为语法规范的现代汉民族共同语。(说明)

3) 慢速

慢速多用于表现沉痛、悲伤、缅怀、悼念、追忆、失望、痛苦等心情,表现庄严、平静、严肃的场面,表现闲散、舒适的谈话方式,表现稳重、迟钝、身体有病痛的人或老年人的语言、动作和性格。

(1) 撑着油纸伞,独自/徘徊在悠长,悠长/又寂寥的雨巷,/我希望逢着/一个丁香一样地/结着愁怨的姑娘。(惆怅)

(2) 天灰蒙蒙的,又阴又冷。长安街两旁的人行道上挤满了男女老少。路那样长,人那样多,向东望不见头,向西望不见尾。人们臂上都缠着黑纱,胸前都佩着白花,眼睛都望着周总理的灵车将要开来的方向。一位满头银发的老奶奶拄着拐杖,背靠着一棵洋槐树,焦急而又耐心地等待着。一对青年夫妇,丈夫抱着小女儿,妻子领着六七岁的儿子,他们挤下了人行道,探着身子张望。一群泪痕满面的红领巾,相互扶着肩,踮着脚望着,望着……(沉痛悲伤)

(3) 他一步一步艰难地爬着。(艰难的动作)

4. 语调

语调是指朗读整句时声音升降的变化。语调有升、降、平、曲四个调。语调运用得当,可明显增强语言的表现力,影响文章的情感色彩。

明末重臣洪承畴曾自撰一联:"君恩深似海,臣节重如山。"后来他被俘投降后,时人即将他的对联改为:"君恩深似海矣,臣节重如山乎?"

由此可见,在演讲时既不能机械单调,缺乏感情变化,也不能单纯追求技巧,随意乱用句调,忽升忽降,失去真实性和说服力。

1) 升调

升调是指语调由平逐渐升高,常用于表示疑问、反诘、惊异、呼唤、号召等语气,表达高昂、亢奋、激动的情绪。

(1) 是他把我的蜂蜜打翻的吗?(疑问)

(2) 我连死都不怕,难道会怕这么点小事吗?(反问)

(3) 妈妈,你快回来吧!(呼唤)

2) 降调

降调是指语调由高逐渐降低,常用来表示肯定、坚决、悔恨、感叹等语气,表达低落、沉重、无奈等情绪。

(1) 未来一定还会有无尽的坎坷。(肯定)

(2) 当时我要是回头看看就好了!(悔恨)

(3) 它用身体掩护着自己的幼儿……但它整个小小的身体因恐怖而战栗着,它小小的声音也变得粗暴嘶哑了,它是牺牲自己了!(感叹)

3) 平调

平调是指语调平稳,常用来表示庄重、严肃、冷淡、平稳等语气,以及作为一般的叙述说明。

(1) "怎样?……谁晓得?许是死了。"掌柜也不再问,仍然慢慢地算他的账。(冷淡)

(2) 所谓散文,就是以抒发作者对真实事物的情感和思想为主的叙事性文章。(说明)

(3) 狼来到小溪边,看到小羊正在喝水。(叙述)

4) 曲调

曲调是指语调曲折变化、升降频繁,常用来表示反语、诙谐、嘲讽、夸张的语气。

(1) 当然,能够只是送出去,也不算坏事情,一者见得丰富,二者见得大度。(反语)

(2) 老兄,你真是上知天文下知地理呀!(反语)

训练设计

1. 呼吸训练

1）闻花香训练

找一空气新鲜的地方,保持站立姿势,上体正直,肩部放松,向内含胸,小腹微收。想象自己正置身花丛,用鼻从容吸气,细细体会气流的运行轨迹,感受两肋、腰部的扩张及小腹的收紧感。吸气至七八分满,控制一两秒,缓慢、均匀地将气呼出,随着两肋、胸腹、腰部的逐渐放松,想象自己神清气爽、身体轻灵。闻花香训练每天至少 10 分钟。

2）吹树叶（纸片）练习

同闻花香训练时的姿势,距离树叶（纸片）约 1 米远,吸气至七八分满,将气息朝树叶（纸片）缓缓吐出,要看到树叶（纸片）有明显的颤动。如此反复练习,直至轻轻一吹树叶（纸片）就抖动为止。要训练至可自由控制树叶（纸片）动荡程度的大小为止。

3）数数训练

同闻花香训练时的姿势,吸气至八成满,屏气数秒,然后用带有气息的声音均匀地数 1,2,3,4,5,…数的速度要慢,吐字要清楚,嘴上用力,不紧张,不憋气;发一个音时喉放松、气要通,直至一口气数完,能数多少数多少,逐渐增加。注意数数过程中不漏气、不泄气。

4）单句训练

同闻花香训练时的姿势,吸气至七八分满,屏气数秒,呼气同时说单句。

5）篇章训练

同闻花香训练时的姿势,朗读一段或一篇文章,注意吸气和呼气的要领。

6）运动中训练

清晨跑步或爬山时,在气喘吁吁中高声说话或背诵文章。

注意：为避免造成胃下垂,以上训练最好是在空腹时进行,晨间和饭前为宜。

2. 换气训练

（1）练习提高声音分贝："啊、啊、啊、啊""咿、咿、咿、咿",由低到高递增。练习拉长声音："啊——""咿——",不换气,坚持一口气到 20 秒以上。

（2）蓄气练习。将下面的文字一口气读完,若有断气之处则重来,不准偷气,反复练习,直到坚持一口气读完为止。

① 出东门,过大桥,大桥底下一树枣儿,拿着杆子去打枣,青的多,红的少。一个枣儿,两个枣儿,三个枣儿,四个枣儿,五个枣儿；五个枣儿,四个枣

儿，三个枣儿，两个枣儿，一个枣儿。

② 广场上，飘红旗，看你能数多少面旗，一面旗、两面旗、三面旗、四面旗、五面旗、六面旗、七面旗、八面旗、九面旗、十面旗、十一面旗、十二面旗、十三面旗……

(3) 换气练习。将下面一段文字读下来，依句号停顿换气，不是句号处不准换气。反复练习，直至能自然地换气，顺畅读下来为止。

望夜空，满天星，光闪闪，亮晶晶。好像那，小银灯，大大小小密密麻麻，闪闪烁烁数不清。仔细看，看分明，原来那群星，分了星座还起了名。按亮度，分了等，一等、二等、三等、四等、五等、六等一共分六等。谁最亮，是一等，谁最暗，是六等，一等到六等，总共不过 6 900 多颗是恒星。星空中，还能看见那大行星和卫星，小行星和彗星，更有那无数无名点点繁星看不清。要想看清它，请你借助现代化的天文望远镜。

3. 共鸣训练

1) 元音练习

为了更好地体会气息，建议下列音节用阴平声调来读。

la ya da ta ga wa sha pi bi wai bai pai

2) 词组练习

涂鸦　愉快　澎湃　插花　对话　加油
碰壁　拍打　喷泉　批判　品牌　虚假
喇叭花　吧嗒嗒　噼啪啪　哗啦啦　乒乓乓
中央　阳光　语音　灵敏　鼓劲　叮咛
妈妈　买卖　弥漫　隐瞒　出门　戏迷
黯淡　反叛　散漫　到达　计划　发展　厌烦
如雷贯耳　心胸宽广　翻江倒海　心潮澎湃

3) 短句练习

(1) 村里新开一条渠，弯弯曲曲上山去。河水雨水渠里流，满山庄稼一片绿。

(2) 山上五株树，架上五壶醋，林中五只鹿，箱里五条裤，伐了山上的树，搬下架上的醋，射死林中的鹿，取出箱里的裤。

(3) 一闪一闪亮晶晶，满天都是小星星。挂在天上放光明，好像许多小眼睛。

(4) 让我们荡起双桨，小船儿推开波浪。海面倒映着美丽的白塔，四周环绕着绿树红墙。小船儿轻轻飘荡在水中，迎面吹来了凉爽的风。红领巾迎着太阳，阳光洒在海面上，水中鱼儿望着我们，悄悄地听我们愉快歌唱。小船儿轻轻飘荡在水中，迎面吹来了凉爽的风。

(5) 忽如一夜春风来，千树万树梨花开。

(6) 远上寒山石径斜，白云生处有人家。停车坐爱枫林晚，霜叶红于二月花。

4. 吐字归音训练

1) 由快到慢绕口令

(1) 八百标兵奔北坡，炮兵并排北边跑，炮兵怕把标兵碰，标兵怕碰炮兵炮。

(2) 调到大岛打大盗，大盗太刁投短刀，推打叮当短刀掉，踏盗得刀盗打倒。

(3) 哥挎瓜筐过宽沟，赶快过沟看怪狗，光看怪狗瓜筐扣，瓜滚筐空哥怪狗。

(4) 粉红墙上画凤凰，凤凰画上粉红墙；红凤凰，黄凤凰，粉红凤凰花凤凰，好似天上飞来这两对真凤凰。

(5) 路东住着刘小柳，路南住着牛小妞。刘小柳拿着红皮球，牛小妞抱着大石榴。刘小柳把红皮球送给牛小妞，牛小妞把大石榴送给刘小柳。牛小妞脸儿红得像红皮球，刘小柳脸儿笑得像大石榴。

(6) 大柴和小柴，帮助爷爷晒白菜。大柴晒的是大白菜，小柴晒的是小白菜，大柴晒了四十四棵大白菜，小柴晒了三十三棵小白菜。大柴和小柴，一共晒了七十七棵大大小小的白菜。

(7) 老彭拿着一个盆，路过老陈住的棚，盆碰棚，棚碰盆，棚倒盆碎棚压盆，老陈要赔老彭的盆，老彭不要老陈来赔盆，老陈陪着老彭去补盆，老彭帮着老陈来修棚。

(8) 东庄儿住着个殷英敏，西庄儿住着个应尹铭。应尹铭挖蚯蚓，殷英敏捕苍蝇。不管天阴或天晴，两人工作不停。为了比辛勤两人通了信，要看谁行谁不行。不知殷英敏的苍蝇多过应尹铭的蚯蚓，还是应尹铭的蚯蚓多过殷英敏的苍蝇。

2) 朗读范文

落 花 生

许地山

我们家的后园有半亩空地，母亲说："让它荒着怪可惜的，你们那么爱吃花生，就开辟出来种花生吧。"我们姐弟几个都很高兴，买种，翻地，播种，浇水，没过几个月，居然收获了。

母亲说："今晚我们过一个收获节，请你们的父亲也来尝尝我们的新花生，好不好?"我们都说好。母亲把花生做成了好几样食品,还吩咐就在后园的茅亭里过这个节。

晚上天色不太好,可是父亲也来了,实在很难得。

父亲说:"你们爱吃花生吗?"

我们争着答应:"爱!"

"谁能把花生的好处说出来?"

姐姐说:"花生的味儿美。"

哥哥说:"花生可以榨油。"

我说:"花生的价钱便宜,谁都可以买来吃,都喜欢吃。这就是它的好处。"

父亲说:"花生的好处很多。有一样最可贵,它的果实埋在地里,不像桃子、石榴、苹果那样,把鲜红嫩绿的果实高高地挂在枝头上,使人一见就生爱慕之心。你们看它矮矮地长在地上,等到成熟了,也不能立刻分辨出来它有没有果实,必须挖出来才知道。"

我们都说是,母亲也点点头。

父亲接下去说:"所以你们要像花生,它虽然不好看,可是很有用,不是外表好看而没有实用的东西。"

我说:"那么,人要做有用的人,不要做只讲体面,而对别人没有好处的人。"

父亲说:"对。这是我对你们的希望。"

我们谈到夜深才散。花生做的食品都吃完了,父亲的话却深深地印在我的心上。

3) 模仿训练

找一个你喜欢的新闻播音员或节目主持人,边听边模仿,边看边模仿,可以单独训练,也可以找几个人轮流模仿,看谁模仿得最像。

5. 停顿训练

1) 体会停顿的作用

试把下面的话从不同的位置断开,看看所表达的意思有何不同,并以此分析停顿的运用在表达上的作用。

(1) 今年正好晦气全无财物进门。

(2) 无鸡鸭也可无鱼肉也可一盘煮豆足矣。

(3) 我赞成他也赞成你怎么样?

(4) 小李和小王的律师马上就到。

2) 修正错误的停顿

下列各句因停顿不当产生了误解,请指出怎样停顿才恰当。

(1) 海/内存知已,天涯若比/邻。

(2) 但使/龙城/飞/将在，不教/胡马/度/阴山。

(3) 美犹/如盛夏的水果，是容易/腐烂而难保持的。

(4) 美貌的人并不/都有其他方面的才能。

3) 分析停顿表达的感情

仔细阅读下面段落，试着分析林肯通过停顿所要表达的思想感情。

在林肯和名法官道格拉斯著名的辩论接近尾声之际，所有的迹象都表明他会失败，他因此感到很沮丧，他那痛苦的老病不时地折磨着他，为他的演说增添了不少感人的气氛。在他最后一次辩说词中，他突然停顿下来，默默站了一分钟，望着他面前那些半是朋友、半是旁观者的群众的面孔，他那深陷下去的忧郁的眼睛跟平常一样，似乎满含着未曾流下来的眼泪。他把自己的双手紧紧握在一起，仿佛它们已经太疲劳了，已无力应付眼前这场无助的战斗。然后，他以其那独特的单调声音说道："朋友们，不管是道格拉斯法官或我自己被选入美国参议院，都是无关紧要的，一点关系也没有；但是我们今天向你提出的这个重大问题才是最重要的，远胜过任何个人的利益和任何人的政治前途。朋友们，"说到这，他又停了下来，听众们屏息等待，唯恐漏掉了一个字，"即使在道格拉斯法官和我自己的那根可怜、脆弱、无用的舌头已经安息在坟墓中时，这个问题仍将继续存在、呼吸及燃烧。"

6. 重音训练

1) 变换重音位置

朗读下面的句子，试着变换重音的位置，并分析所表达的意思。

(1) 我妈请你和小李到我家吃饭。

(2) 这束花是我买的。

(3) 明天我去北京。

2) 明确重音位置

朗读下面的一段文字，注意确定和表达重音。

有一次，富兰克林·罗斯福家中失窃，他的朋友写信安慰他。他回信道："亲爱的朋友，谢谢你来信安慰我，我现在很平安，感谢上帝。因为，第一，小偷偷去的是我的东西，而没有伤害我的生命；第二，小偷只偷去我的部分东西，而不是全部；第三，最值得庆幸的是，做小偷的是他，而不是我。"

3) 模仿练习

模仿下面《雷雨》的对白，注意确定和表达重音。

繁：萍，我盼望你还是从前那样诚恳的人。顶好不要学着现在一般青年人玩世不恭的态度。你知道我没有你在我面前，这样，我已经很苦了。

萍：所以我就要走了。不要叫我们见着，互相提醒我们最后悔的事情。

繁：我不后悔，我向来做事没有后悔过。

萍：（不得已地）我想，我很明白地对你表示过。这些日子我没有见你，我想你很明白。

繁：很明白。

萍：那么，我是个最糊涂、最不明白的人。我后悔，我认为我生平做错一件大事。我对不起自己，对不起弟弟，更对不起父亲。

繁：（低沉地）但是最对不起的人有一个，你反而轻轻地忘了。

萍：我最对不起的人，自然也有，但是我不必同你说。

繁：（冷笑）那不是她！你最对不起的是我，是你曾经引诱的后母！

萍：（有些怕她）你疯了。

繁：你欠了我一笔债，你对我负着责任；你不能看见了新的世界，就一个人跑。

萍：我认为你用的这些字眼，简直可怕。这种字句不是在父亲这样——这样体面的家庭里说的。

繁：（气极）父亲，父亲，你撇开你的父亲吧！体面？你也说体面？（冷笑）我在这样的体面家庭已经18年啦。周家家庭里做出的罪恶，我听过，我见过，我做过。我始终不是你们周家的人。我做的事，我自己负责任。不像你们的祖父、叔祖，同你们的好父亲，偷偷做出许多可怕的事情，移祸在别人身上，外面还是一副道德面孔，慈善家，社会上的好人物。

萍：繁漪，大家庭自然免不了不良分子，不过我们这一支，除了我，……

繁：都一样，你父亲是第一个伪君子，他从前就引诱过一个良家的姑娘。

萍：你不要乱说话。

繁：萍，你再听清楚点，你就是你父亲的私生子！

萍：（惊异而无主地）你瞎说，你有什么证据？

繁：请你问你的体面父亲，这是他15年前喝醉了的时候告诉我的。（指桌上相片）你就是这年青的姑娘生的小孩。她因为你父亲又不要她，就自己投河死了。

萍：你，你，你简直……好，好，（强笑）我都承认。你预备怎么样？你要跟我说什么？

繁：你父亲对不起我，他用同样手段把我骗到你们家来，我逃不开，生了冲儿。十几年来像刚才一样的凶横，把我渐渐地磨成了石头样的死人。你突然从家乡出来，是你，是你把我引到一条母亲不像母亲，情妇不像情妇的路上去。是你引诱我的！

萍：引诱！我请你不要用这两个字好不好？你知道当时的情形怎么样？

繁：你忘记了在这屋子里，半夜，我哭的时候，你叹息着说的话么？你说你恨你的父亲，你说过，你愿他死，就是犯了灭伦的罪也干。

萍：你忘了。那时我年青，我的热叫我说出来这样糊涂的话。

繁：你忘了，我虽然只比你大几岁，那时，我总还是你的母亲，你知道你不该对我说这种话么？

萍：哦（叹一口气），总之，你不该嫁到周家来，周家的空气满是罪恶。

繁：对了，罪恶，罪恶。你的祖宗就不曾清白过，你们家里永远是不干净。

萍：年青人一时糊涂，做错了的事，你就不肯原谅么？（苦恼地皱着眉）

繁：这不是原谅不原谅的问题，我已预备好棺材，安安静静地等死，一个人偏把我救活了又不理我，撇得我枯死，慢慢地渴死。让你说，我该怎么办？

萍：那，那我也不知道，你来说吧！

繁：（一字一字地）我希望你不要走。

萍：怎么，你要我陪着你，在这样的家庭，每天想着过去的罪恶，这样活活地闷死么？

繁：你既知道这家庭可以闷死人，你怎么肯一个人走，把我放在家里？

萍：你没有权利说这种话，你是冲弟弟的母亲。

繁：我不是！我不是！自从我把我的性命、名誉，交给你，我什么都不顾了。我不是他的母亲。不是，不是，我也不是周朴园的妻子。

萍：（冷冷地）如果你以为你不是父亲的妻子，我自己还承认我是我父亲的儿子。

繁：（不曾想到他会说这一句话，呆了一下）哦，你是你父亲的儿子。——这些月，你特别不来看我，是怕你的父亲？

萍：也可以说是怕他，才这样的吧。

繁：你这一次到矿上去，也是学着你父亲的英雄榜样，把一个真正明白你，爱你的人丢开不管么？

萍：这么解释也未尝不可。

繁：（冷冷地）怎么说，你到底是你父亲的儿子。（笑）父亲的儿子？（狂笑）父亲的儿子？（狂笑，忽然冷静严厉地）哼，都是没有用，胆小怕事，不值得人为他牺牲的东西！我恨着我早没有知道你！

萍：那么你现在知道了！我对不起你，我已经同你详细解释过，我厌恶这种不自然的关系。我告诉你，我厌恶。我负起我的责任，我承认我那时的错，然而叫我犯了那样的错，你也不能完全没有责任。你是我认为最聪明、最能了解的女子，所以我想，你最后会原谅我。我的态度，你现在骂我玩世不恭也好，不负责任也好，我告诉你，我盼望这一次的谈话是我们最末一次谈话了。（走向饭厅门）

繁：（沉重的语气）站着。（萍立住）我希望你明白我刚才说的话，我不是请求你。我盼望你用你的心,想一想,过去我们在这屋子里说的,(停,难过)许多,许多的话。一个女子,你记着,不能受两代的欺侮,你可以想一想。

萍:我已经想得很透彻,我自己这些天的痛苦,我想你不是不知道,好,请你让我走吧。

7. 语速训练

1) 慢速练习

请慢速朗读下面这首诗歌,注意诗句和段落之间的回味性停顿。

致青年朋友

佚 名

不要,不要应允那轻风,
它们今天在你耳边温柔絮语,
明天又向别人诉说衷情。

不要,不要许诺那浮云,
它们今天飘在你的头顶,
明天又向别人投下笑影。

不要,不要委身给流水,
它们今天戏弄你的纤足,
明天又同别人的脚跟调情。

要爱,就爱那高山,
要爱,就爱那大海。
它们虽然粗犷,冰冷,
却爱得深沉,爱得坚定。

2) 快速练习

请一口气念完以下语段。

在此新春到来之际,我祝在座的各位朋友:"一帆风顺二龙图腾三阳开泰四季发财五福临门六六大顺七星高照八方来财九九同心十全十美!"

今天我们一班同学集体聚会,我最后接到请帖仍然非常高兴,二话没说就来参加,而且自始至终三句话不离本行,四海为家发扬母校的光荣传统,五分钟热情干工作那是大大的不幸,六亲不认坚持原则不算过分,七颠八倒不能干好财务金融，八仙过海各显神通世界是我们大家的，久炼成钢去探索去碰硬，十年寒窗一鸣惊人前途无量，百尺竿头更进一步争当行业标兵，千载难逢的晚会我们千古不忘，万事如意这是发自我肺腑的心声，忆年太久只争朝夕愿各位同学马到成功！

3）诗歌朗读

请用不同的语速朗读下面的诗歌。

春 望

杜 甫

国破山河在，城春草木深。
感时花溅泪，恨别鸟惊心。
烽火连三月，家书抵万金。
白头搔更短，浑欲不胜簪。

致橡树

舒 婷

我如果爱你，
绝不像攀援的凌霄花，
借你的高枝炫耀自己；
我如果爱你——
绝不学痴情的鸟儿，
为绿荫重复单调的歌曲；
也不止像泉源，
常年送来清凉的慰藉；
也不止像险峰，
增加你的高度，衬托你的威仪，
甚至日光，
甚至春雨。

不，这些都还不够！
我必须是你近旁的一株木棉，
作为树的形象和你站在一起。

根,紧握在地下,
叶,相触在云里。
每一阵风吹过,
我们都互相致意,
但没有人,
能听懂我们的言语。
你有你的钢枝铁干,
像刀,像剑,也像戟;
我有我红硕的花朵,
像沉重的叹息,
又像英勇的火炬。

我们分担寒潮、风雷、霹雳;
我们共享雾霭、流岚、虹霓。
仿佛永远分离,
却又终身相依。
这才是伟大的爱情,
坚贞就在这里:
爱——
不仅爱你伟岸的身躯,
也爱你坚持的位置,
足下的土地。

8. 语调训练

1) 根据语调完成句子

下面用"我"作了四个语调不同的回答,请试着据此在前面的横线处分别为其补足提问。

(1) _____——我。

(2) _____——我?

(3) _____——我!

(4) _____——我?!

2) 选择语调

请根据括号内的提示,用恰当的语调说下面的话。

第一句话:"听说你明天要走?"

(1) 表示疑问(真的吗?)

(2) 表示惊讶（没有想到。）
(3) 表示遗憾（留恋、舍不得。）
(4) 表示责怪（走了也不直接说一声。）
(5) 表示幸灾乐祸（终于要打铺盖走人喽！）
(6) 表示愤怒（太不像话了！）

第二句话："你看看你！"
(1) 表示气愤（看看你干的好事！）
(2) 表示嗔怪（真是个调皮的孩子！）
(3) 表示埋怨（又捣乱了！）
(4) 表示惋惜（叫我说什么好呢？）

3）朗读范文

第一场雪

峻 青

这是入冬以来，胶东半岛上第一场雪。

雪纷纷扬扬，下得很大。开始还伴着一阵儿小雨，不久就只见大片大片的雪花，从彤云密布的天空中飘落下来。地面上一会儿就白了。冬天的山村，到了夜里就万籁俱寂，只听得雪花簌簌地不断往下落，树木的枯枝被雪压断了，偶尔咯吱一声响。

大雪整整下了一夜。今天早晨，天放晴了，太阳出来了。推开门一看，嗬！好大的雪啊！山川、河流、树木、房屋，全都罩上了一层厚厚的雪，万里江山，变成了粉妆玉砌的世界。落光了叶子的柳树上挂满了毛茸茸亮晶晶的银条儿；而那些冬夏常青的松树和柏树上，则挂满了蓬松松沉甸甸的雪球儿。一阵风吹来，树枝轻轻地摇晃，美丽的银条儿和雪球儿簌簌地落下来，玉屑似的雪末儿随风飘扬，映着清晨的阳光，显出一道道五光十色的彩虹。

大街上的积雪足有一尺多深，人踩上去，脚底下发出咯吱咯吱的响声。一群群孩子在雪地里堆雪人、掷雪球，那欢乐的叫喊声，把树枝上的雪都震落下来了。

俗话说，"瑞雪兆丰年"。这个话有充分的科学根据，并不是一句迷信的成语。寒冬大雪，可以冻死一部分越冬的害虫；融化了的水渗进土层深处，又能供应庄稼生长的需要。我相信这一场十分及时的大雪，一定会促进明年春季作物，尤其是小麦的丰收。有经验的老农把雪比作是"麦子的棉被"。冬天"棉被"盖得越厚，明春麦子就长得越好，所以又有这样一句谚语："冬天麦盖三层被，来年枕着馒头睡。"

我想,这就是人们为什么把及时的大雪称为"瑞雪"的道理吧。

2.3 体态语训练

演讲是由"演"和"讲"两个方面构成的。所谓"演",主要就是内容的演绎和体态的演示。体态的演示即体态语,包括面部表情、眼神、手势、姿势等,通过人体形态来生动形象地传达信息、表达感情,是有声语言的辅助手段。美国心理学家艾帕尔说:"人的感情表达由三个方面组成:55%的体态、38%的声调和7%的语气词。"陶行知先生说过:"演讲如能使聋子看得懂,则演讲之技精矣。"由此可见,体态语在演讲中的重要性。体态语使用得当不仅能够有效补充和强化有声语言,还可以表达个体良好的气质风度,给人留下深刻的印象。看过毛主席演讲的人,一定都记得他演讲时两手叉腰,或者左手叉腰、右手挥向前方的姿势,给人以沉着、稳健、坚定、有力的感觉。同样,列宁演讲时上身前倾、右手坚定有力地挥向前方的样子也让人信心百倍,大受鼓舞。

以美术界为例,以前真正的海归派,都是文化精英,包括徐悲鸿、刘海粟、林风眠、傅抱石……都致力于中国画的创作。现在的有些海归派,不一样了(重读"不",手指微摇),一回来就大呼小叫地要让外国的东西进来,否定中华民族的文化,甚至不让学生用毛笔。你怎么这么厉害?你不就是出了几天国嘛,怎么不学学那些真正精英的海归派呢!中华民族几千年文明,用得着你来救吗?靠评论家来捧,还说自己是来成就中国文化。(做鬼脸)这是艺术吗?这是吓唬我们老百姓。(全场笑声,鼓掌)

上了美术学院一年级,就留着长头发,留着小胡子,那个丑就甭提了!(边做手势,边做鬼脸)难怪有人说我们搞美术的,"远看像个逃难的,近看像个要饭的,再看是个捡破烂的,仔细一看是个美术学院的"。(全场大笑)(摘自《演讲与口才》2006年第11期)

【简评】

这是著名画家韩美林在《没有文化的文化是可怕的》演讲中的两段话。他在演讲过程中,恰当灵活地运用了得体的体态语,使演讲精彩纷呈、妙趣横生。

2.3.1 体态语训练的基本要求

1. 准确适度

在设计、运用体态语时,要充分考虑演讲的内容,有时还要考虑观众、环境等因素,要求做到表意准确、幅度适度。美国前总统尼克松在一次演讲上,曾经闹了这么一个笑话：他手指着观众，说的是"我"，然后手指着自己，说的却是"你们"。像这样体态语运用不准确，就会给他人留下深刻的印象，招致长久的笑话和误解。

2. 自然优雅

演讲虽然具有表演的性质，但是不能太做作；要求自然、大方、优雅、含蓄，即便是表现强烈的感情，也不能太过热烈，更不做一些不雅的举动，如抓头皮、摸耳朵等。演讲者平时要注意自己的言行细节，注重培养温文尔雅、落落大方的气质，同时还要提高自己的文化修养。

3. 整体协调

演讲者和谐一致的言行举止能让观众感觉舒服，给人带来美的享受。因而，演讲者要做到三个方面的协调：① 体态语要和口语协调；② 体态语要和所表达的感情协调；③ 同时使用的几种体态语，如手势、眼神、身姿等要协调。

4. 简洁得体

演讲时，体态语要讲究简洁适度，过少会显得死板沉闷，过多会让人感觉过于张狂、喧宾夺主。因而，在设计体态语时要本着简洁的原则，使每个体态语都发挥应有的作用。同时，还要注意体态语要符合年龄、身份、职业及演讲的主题，要大方得体，切忌故作姿态。

5. 富有个性

演讲要充分考虑演讲者的自身条件、生活经历、性格特点来撰写演讲稿和设计体态语，这样的演讲会更自然、亲切，富有感染力；相反，生搬硬套或故意模仿他人的体态语，不仅不会为自己的演讲增色，反而会让人感觉不伦不类。

2.3.2 体态语的分解训练

体态语可分解为两大部分：局部体态语和整体体态语。

1. 局部体态语训练

局部体态语包括眼神、表情、手势、嘴形、头部动作等。在实际的演讲中，这些局部体态语并不是孤立分开的，而是互相协调、同步进行的。

1）眼神训练

在我国，人们很早就认识到眼神的魅力。《诗经》中就有用"美目盼兮""美目扬兮""美目清兮"等句子来形容女子风情万种的眼神；而传统戏曲艺术更是注重"眉目传情"。为了在舞台上顾盼生辉、摄人魂魄，艺术家们不惜花费多年时光进行眼神训练。

眼睛是心灵的窗户，它能够表达比语言更丰富的情感，甚至能够达到"无声胜有声"的境界。透过眼神，人们可以大概地揣摩出对方的情绪、状态、性格、年龄等。例如，一个人双目炯炯、眼神带笑、顾盼生辉，说明这个人充满自信、心情愉悦，其生活和工作经历应该比较顺心；若一个人目光黯淡、眼神呆滞，会让人感觉他心情不好，状态不佳，诸事不顺；若一个人目光清澈如水，会给人以单纯、坦诚之感；若眼神闪烁、目光游移，则给人以心虚感，仿佛隐瞒了什么事，惹人疑心。

在演讲时，保持眼神交流很重要，因为保持眼神交流既可以帮助演讲者时刻了解听众对演讲的反应，还能够凝聚听众的注意力，让听众感受到演讲者的真情实感。因此，在演讲中，要重视眼神的运用。

（1）眼神的运用。演讲时眼神的运用主要有以下五种。

① 前视。演讲者的目光直视前方，统摄全场，目光自然、亲切，表情大方、诚恳。前视最容易让听众感到"他是在向我演讲"，从而吸引听众的注意力。

② 环视。环视也称扫视，即视线有节奏地从左到右，或者从前到后慢慢移动，与所有听众保持眼神交流。演讲者初上讲台时，可以采用这种注视法，以调动听众的注意力，起到静场的作用。但在演讲过程中不宜频繁使用，以减轻观众的压迫感。

③ 凝视。凝视是指演讲者用柔软的视线较长时间注视某一个听众。这种注视方法可以使对方因受到尊重而获得一种心理上的满足。但是，要注意：凝视的时间不可过长，以免影响对全场的照顾；不能有过多和过于集中的凝视，以免给个别听众造成压力，也让其他听众有被冷落的感觉；要注意视线保持柔软，不可过硬或过冷，以免使听众产生不快。

④ 虚视。虚视是一种"目中无人"的注视方法，是指目光没有焦距，不集中在某点上，视线长而软。这种注视方法可以帮助演讲者消除紧张、舒缓情绪，将精神集中到演讲的内容上，还可以留给听众落落大方的印象。

⑤ 点视。点视往往是对不注意听讲的听众，或者对会场不安静的部位进行有意识的关注。这种注视方法要点到为止，目光不可过硬，一般听众能迅速领会演讲者目光中的信息，保持安静听讲。

以上各种眼神的运用并不是死板机械的，演讲者要根据演讲的内容、听众的态度、自身的情感变化，配合表情、手势等体态语，并结合会场可能出现的各种情况，灵活机动和有目的、有意识地运用好眼神。

作为演讲者，要充分认识到眼神的重要性，懂得各种注视的含义。不仅能够识别对方的眼神，获取信息为我所用，更要注重眼神训练，以便在演讲时充分合理地为有声语言服务。

（2）眼神的训练。眼神的训练方法有以下三种。

① 观察和学习。观察各种身份及各种场合下的人的眼神，尤其是老师、领导、演说家的眼神，学习他们在表达不同内容时眼神的变化。

② 练习和模拟。私底下要经常对着镜子练习，同观察到的眼神比较对照，还

可找几个人互相进行模拟演练。

③ 交际和演讲。要检验和提高训练的成果，最好的方法就是实际应用。利用每一次交际活动和发言的机会，从有意识地试验到无意识地驾驭，逐渐形成成熟、稳定而又富有特色的魅力眼神。

2）表情训练

表情是指面部表情，即脸上表现出来的喜、怒、哀、乐等复杂的情绪。表情是局部体态语中最直观的，也是使用频率最高的。

有人曾问古希腊最出名的演讲家德莫西尼："演讲家最大的才能是什么？"他回答说："表情。"又问："其次呢？""表情。""再其次呢？""表情。"

德莫西尼的话从一定程度上说明了表情在演讲中的重要性。作为演讲者，要善用、巧用表情，为有声语言增色添彩。但同时要牢记，演讲不是演戏，表情作为有声语言的辅助工具，讲求的是自然、真实，过分的做作和夸张只会让听众产生不舒服的感觉。

（1）表情的运用。著名演讲理论家邵守义先生阐述了表情运用的五点要求。

① 要有灵敏感。要比较迅速、敏捷地反映内心的情感，并应该和有声语言所表达的情感同时产生和结束，过长和过短、稍前和稍后都不好。

② 要有鲜明感。要使面部表情准确明朗，使每一点微笑的变化都能让听众觉察到。喜就是喜，怒就是怒，不要模糊不清。

③ 要有真实感。演讲者的面部表情应让听众看出是其内心深处最真实的东西，而不是华而不实，无病呻吟。

④ 要有分寸感。表情的运用要适度，不温不火，适可而止。过火，显得矫揉造作；不及，显得平淡乏味。

⑤ 要有艺术感。演讲中的面部表情应是既有生活中的真实，又有艺术性表现的结合体，拘泥于生活，就缺乏美感；过于表现艺术化，又会不自然。

在所有表情中，微笑是最令人感觉舒服的表情。微笑被称为社交中最美的语言。微笑是发自内心的自然坦诚的感情流露，能够展示自信，拉近双方距离，获得对方好感。如果说语言是有国界的，那么微笑就是无国界的。在微笑面前，人们都会本能地报以微笑。正如纽约一家百货商店的人事主管所说的："我情愿出高价雇用一个脸上总是带着可爱笑容的、连小学都没毕业的女职员，也不愿雇用一个满脸冷冰冰的博士生。"虽然微笑是发自内心的，但后天的训练非常重要。据说，日本航空公司在培养空中小姐时，就要先进行长达几个月的微笑训练。

（2）表情的训练。表情的训练方法有以下三种。

① 观察和揣摩。可观察电影、电视中人物的表情，也可观察雕塑、绘画、摄影作品中的人物表情。

② 对镜练习。练习激动、悲痛、愤怒、感动、大笑、冷笑等各种表情，体会

脸部肌肉的紧张程度。

③ 练习微笑。基本做法是不发声、不露齿，嘴角两端略微提起，亲切自然，使人如沐春风。

3）手势训练

手势是体态语中最富有表现力的。人们在说话时总是会不自觉地使用各种手势来配合语言和感情的变化，甚至在某些特殊场合和时刻，手势能够代替语言表达更强烈的思想感情。例如，电影《列宁在十月》的结尾：列宁走上讲台，面对大厅里沸腾的人群，说："同志们！布尔什维克的同志们！"他的右手往前一挥，"今天，大家一直所说的那个工农革命，成功了！"影片定格在这一瞬间，列宁的右臂有力地前伸，掌心向下，四指并拢，果断地指着前方。这一手势既体现了这位伟人的意志和气魄，也表现了无产阶级事业一往无前的气势。

（1）手势按动作到达的区域可分为以下三种。

① 上区手势。手在肩部以上，表示肯定、振奋、激动、愤怒等强烈的感情。如右手握拳上举，表示决心。

② 中区手势。手在肩部和腰部之间，表示平静、友善、坦诚的态度和情绪。如摊开双掌，表示真诚、坦率。这是交际中最常用的手势，在演讲和发言中也时常用到。

③ 下区手势。手在腰部以下，表示憎恶、否定、反对、失望等情绪。如右手握拳向左下方挥动，表示抗议。这种手势在演讲中也常用到。

（2）手势按功能和内涵可以分为以下四种。

① 象形手势。象形手势是通过模拟、比画来体现事物的大小、高矮、形状等。在语言不通的情况下或商品交易时常常会采用这种手势。在演讲或交际时，象形手势不仅能够给人带来形象感，还可以通过一定的夸张来烘托气氛。

古代巨人的眼睛，像现今我们的眼睛一样，曾经看见尼亚加拉。（右手在自己眼前比画表现巨人用眼睛张望的情景）一万年前的尼亚加拉，和现在的是同样的新鲜有力！水从天上飞落人间，激荡起白色的浪花。（右手从空中快速划落，表现出瀑布从山上落下的情景）一群群的古人从山下走过，踏着起伏的山麓，蜿蜒向前，伴着瀑布的浪花，蜿蜒向前……（左手起伏状波动，表现古人在起伏山麓上蜿蜒行走的长龙的样子）他们一直在观察着瀑布，一直在做着思考……（右手食指指向大脑，再现古人思考时的样子）（摘自《演讲与口才》2006年第11期）

【简评】

这是一位演讲者关于"尼亚加拉瀑布"的演讲。演讲者运用形象生动的手势，使听众仿佛身临其境，完全融入演讲。

② 指示手势。指示手势是用于指明具体对象，如"我""他""你""这""那"，或者数字、方位等。使用指示手势要注意的是，所指的对象一般在视线所及范围内或大致有方向的事物。另外，最好不要用手指着对方，非要指明对方时，不要用手指，可以用整个手掌，掌心向上，并且注意语气和表情。

③ 象征手势。象征手势是表示抽象的概念和事物。例如，伸出食指和中指形成"V"形表示胜利；将拇指和食指圈成圆形，其余手指伸展，形成"OK"图形表示同意、赞赏等意。

④ 情意手势。情意手势是以形象表达情感、态度。例如，握拳表达的是愤怒；捶胸表示哀痛；挥手是示意或告别；摸鼻子可能是犹豫；搓手、绞手透露出内心的焦急；双手插入兜内、两个拇指却从兜内伸出表示骄傲等。

……那就是朝阳！充满希望的朝阳！（双手托起，掌心向上，体现出太阳的光辉之美）它喷薄而出，带给我们新的一天！（开怀拥抱，表达对新生活的迎接，体现新生活的美好）的确，太阳每天都是新的，让我们抓住这青春时光，努力奋斗吧！（双拳紧握，体现青年人奋斗的激情和壮美）（摘自《演讲与口才》2006年第11期）

【简评】

情意手势能够使演讲更加具有艺术感染力，常常用于演讲的高潮或结尾，往往有短暂定格，让听众有足够时间理解美、感受美。

手势在演讲中也起着不可替代的作用。演讲中的手势，不仅能起到解释或强调的作用，而且有时能表达语言所无法表达的内容，为演讲增添感情色彩。

（3）演讲中的手势，在邵守义先生的《演讲入门》中被归纳为以下12种。

① 手掌伸开，稍抬起，然后向胸部方向挥动，同时握拳。这种手势一般表示意志和决心，并起到加重语气的作用。

② 手掌伸开，抬至胸前，然后向斜下方用力挥动。这种手势一般表示否定。

③ 手掌伸开，抬至胸前，然后向前上方用力挥动。这种手势一般表示号召等意思。

④ 手掌伸开，抬至胸前，然后用力握拳。这种手势一般表示决心等意思。

⑤ 手掌伸开，抬至胸前，然后手掌左右摆动。这种手势表示否决等意思。

⑥ 食指伸直，其余四指内握，然后举起，指某一方向（根据内容决定）。这种手势可用以表示方向。

⑦ 手向前平伸，掌立起，或者伸出若干指，或者握若干指（根据内容决定）。这种手势可以表示数目。

⑧ 两手同时伸掌，稍向前下垂，掌心向前，抖动一两次。这种手势一般用来

表示无可奈何等意思。

⑨ 两手同时伸掌，向前平伸，掌心相对，两臂呈一定角度（根据内容来决定）。这种手势可用来表示对方——在场听众。

⑩ 两手同时伸掌，向前上方同时挥动，两臂有一定的角度（根据内容来决定）。这种手势一般表示欢呼、希望等意思。

⑪ 两手同时伸掌，向前抬至胸前，掌心相对，然后同时向里靠拢，至双手紧握。这种手势可用来表示团结等意思。

⑫ 两手同时伸掌，配合作出某种形状（根据内容决定）。这样的手势可用来形容某种事物。

（4）在演讲中运用手势，要注意以下三点。

① 简洁明了、干净利落。在演讲中，手势不要太多、太烦琐，以免喧宾夺主，分散听众的注意力。另外，手势的"起"和"止"要明显、清楚、干脆利落，不要拖泥带水，让听众充分理解每一个手势所表达的含义。

② 与语言、表情、神态配合得当。演讲者要给听众留下自然大方的印象，就必须在演讲中注重协调性、一致性。如果话还没说，手势已经出来了；或者话已经说完了，手势却还没有收回；或者说的是这个意思，手势表示的却是另一种意思，就会让人感到可笑。美国前总统尼克松就曾闹过不少类似的笑话。在一次招待会上，他举起双手招呼记者们起来，而嘴上却说"大家请坐"；而另一次演讲，他手指观众，嘴上却说"我"，然后又指着自己说"你们"。

③ 同自己的身份、职业、年龄等因素结合起来，在自然、得体的基础上体现出个性和气质。

需要注意的是，许多手势在特定文化范围内虽然有着约定俗成的含义，但不同的国家和民族之间可能就会有所差异。例如，在1990年7月的孟加拉国新一届议会中，航运部长防布杜·罗布作出了一个竖起大拇指的手势，结果引起民族主义政党的议员领袖巴德鲁多扎·乔德呼利的谴责。原因是这一手势在孟加拉国表示的是对人的一种侮辱。除了要注意到手势在不同民族和国家的区别之外，还要注意在使用手势时不仅要求准确规范，还要有所节制，不可滥用。

（5）手势的训练。手势的训练方法有以下两种。

① 了解各种手势的含义，掌握规范正确的手势，并要知道各民族、各国的手势禁忌。

② 配合语言情境对着镜子进行演练，观察自己的手势是否到位、自然。

4）嘴形训练

嘴巴除了发出有声语言之外，其嘴形变化在一定程度上也能表情达意。汉语里有不少与嘴部有关的表达情绪的成语，如咬牙切齿、目瞪口呆、瞠目结舌。一般嘴的动作所表现的含义有以下几种。

（1）嘴巴半开，嘴部肌肉紧张：表示疑问、期待、惊讶、紧张。

（2）嘴巴半开，嘴部肌肉松弛：表示入神或发呆。

（3）嘴唇噘起：表示生气或撒娇。

（4）嘴巴大开：表示惊愕、惊骇。

（5）嘴角向上：表示心情好。

（6）嘴角向下：表示沮丧。

（7）撇嘴：表示不耐烦、不稀罕、不屑。

（8）牙齿咬住下唇：表示害羞、忍耐、思考等。

（9）舌头舔嘴唇：表示紧张。

嘴部动作的训练方法是对着镜子练习嘴部动作，尤其注意微笑时嘴部的形状。

5）头部动作训练

头部动作是指整体的头的动作。头部动作相对于表情、手势等要简单得多，但在演讲和交际中仍是有着不可忽视的作用。简单来说，点头表示同意，摇头表示否定，昂首表示骄傲，低头表示屈服，垂头表示丧气，侧头表示不服。细细说来，头部动作主要有以下各种不同含义。

（1）头部正位：多用于陈述时，演讲者的目光洒在会场中部听众的脸上，显得较庄重严肃，表现一种较平稳的感情。不过，这种姿态不宜过久或过多，以免造成呆板印象。

（2）点头：表示同意、肯定、感谢、满意、理解、顺从等意思，也可作为打招呼的一种方式。

（3）摇头：表示反对、否定、怀疑、拒绝、失望、不理解、无可奈何等意思。

（4）侧头：表示思考、欣赏、不服，有时也表示少女、孩童撒娇。

（5）昂头：表示踌躇满志、胜券在握、目中无人、骄傲自满等意思，也可表现革命志士视死如归的样子。

（6）仰头：表示失意、伤心、呼唤、憧憬、大喜等意思。

（7）低头：表示顺从、听话、消沉、无可奈何等意思。

（8）猛抬头：表示觉醒、有所悟等意思。

（9）垂头：浅垂一般表示谦虚、停顿和思索；深垂表示悲痛、伤感、消极、丧气、难过等。

在做头部动作的时候，最好配以别的体态动作或语言，如在点头时配以"嗯"的一声；摇头的同时轻摇手掌，以加强效果。如果只有头部动作，则头部动作幅度要大一点，以便让别人准确理解。

头部动作的训练方法是对着镜子进行以上头部动作的练习，注意配上相应的表情、手势等其他体态语。

2. 整体体态语训练

整体体态语是相对于局部体态语而言的,它是通过一个人静态或动态的身体姿势来传达信息的一种体态语,包括站姿、坐姿、行姿等。

1) 站姿训练

"站如松"是历来对优美挺拔的站姿的一种形容,也是学习站姿的标准。的确,优美的站姿能显示个人的自信,给他人留下美好的印象,因而作为演讲者,更要注重站立的姿态。

正确的站姿可参考以下标准。

(1) 精神饱满。

(2) 头部正直,双眼平视,下巴微收,表情自然。

(3) 两肩平齐,收腹挺胸,双臂自然下垂,或者右手轻握左手(手腕或手指)自然垂放于下腹处。

(4) 双腿挺直,脚跟自然靠拢,或者一脚略前一脚略后构成45°,使重心保持在双腿之间,这比较适用于女士;或者在上体保持正直的前提下,一脚可后撤半步,但重心依然在双腿之间;也可双脚分开与肩同宽,不过这往往适用于男士。

以上标准有时还要考虑场合、身份等因素而有所调整,如在长者和上级面前,要求头略低、手下垂、胸稍收,表现出谦恭诚恳的态度。

站姿的训练方法是背靠墙站立,尽量使头部、双肩、臀部、小腿和脚后跟都靠到墙,收腹挺胸,保持15分钟,每天至少一次。

2) 坐姿训练

"坐如钟"是对坐姿的形容和要求。优雅稳重的坐姿能够传达给人有礼貌、有涵养的信息,对人的交际和工作都有着不可忽视的作用。

正确的坐姿可参考以下标准。

(1) 入座稳而轻。正式场合,应从椅子的左边入座,从左边离座。无论什么座具,均不可坐得太满,坐到2/3或1/2左右。入座后,不能急于靠椅背,谈话时间久了,可轻靠椅背,上体仍需正直。

(2) 入座后,保持上体正直,神态自然。双手可自然放于双膝上,也可置于座具扶手上,手心都要向下。女士双膝自然并拢,双腿可正放也可侧放;男士两膝间可分开一拳左右的距离,不能超出双肩。

(3) 与人交谈时,身体略前倾,以示尊重与专注。

(4) 离座时也要稳健轻巧。右脚向后撤半步,自然起立。

以上标准主要针对比较正式的场合和环境。若是和家人、熟人之间交谈就不必拘泥于此,只要不失雅观,怎么舒服就怎么坐。

坐姿的训练方法是平时可利用在教室上课、自修等时机，按照以上标准进行练习，也可设置场景来组织模拟训练。

3）行姿训练

"行如风"是行姿的基本要求。协调、稳健、轻松、健美的行走姿态能够体现良好的精神面貌。演讲者尤其要注意走上演讲台和走下演讲台的姿势，要把上台的第一步和下台的最后一步看作是演讲的一部分，以带给听众健康向上的印象。

正确的行姿可参考以下标准。

（1）头部端正，双眼平视前方；上体正直，挺胸收腹；精神饱满。

（2）步履稳健轻盈，富有节奏感；步幅一致，速度适中。

（3）肩部放松，双臂摆动自然有力，幅度适中。

应当说，行姿的要求比站姿、坐姿的要求要相对灵活一些，因为它还要考虑到个人的体形、年龄、性别等因素，不可搞一刀切。例如，胖人与瘦人的行姿会有不同，前者步履沉重，后者步态轻飘；长者和少年的行姿也不一样，前者稳健，后者轻快；男子与女子的行姿也有差异，前者沉稳庄重，后者轻盈优雅。另外，也要注意到在不同的场合，同一个人的行姿也会有所差异。

行姿的训练方法是沿直线走路。

训练设计

1. 眼神训练

（1）作眼球操，即上、下、左、右最大限度地转动眼球。

（2）对着镜子，眼睛睁大，不眨动，保持3分钟。

（3）两人对视，互相审视目光，少眨动，保持3分钟。

（4）请根据视觉的角度来猜测含义。

① 正视，一般表示_____。

② 斜视，一般表示_____。

③ 仰视，一般表示_____。

④ 俯视，一般表示_____。

（5）以下注视分别表示什么含义？

① 直视（长而硬），一般表示_____。

② 虚视（长而软），一般表示_____。

③ 盯视（短而硬），一般表示_____。

④ 探视（短而软），一般表示_____。

（6）假设情景，模拟各种注视方法，并请同学或老师指点。

2. 表情训练

（1）模拟各种笑：微笑、大笑、苦笑、冷笑、嘲笑、奸笑、暗笑、狂笑；讨论分析这些笑分别表达的感情及适用的情境。

（2）其他表情的模拟：愤怒、悲伤、激动、愁苦、眉飞色舞、垂头丧气、惊恐万状、无精打采、神采飞扬、笑逐颜开等。

（3）微笑训练。

① 情绪记忆法：多回忆美好往事，保持身心愉悦。

② 发声训练法：对镜发"一"或"七"的声音，牵动嘴角呈现自然微笑的样子，至少保持5分钟。

③ 卡片暗示法：随身携带写有"微笑"的卡片，随时提醒自己保持微笑。

3. 手势训练

（1）用手势来表示下列意思。

热爱　宣誓　号召　关心　抗议　向往　犹豫　痛苦　无奈　示爱　忏悔　愤怒　挑战

（2）试着分析下列手势所代表的含义和感情。

① 丈夫在向妻子解释某事时把双臂交叉在胸前。

② 小伙子向人竖起小拇指。

③ 会上发言时把双手放在桌子上，十指交叉成塔状。

④ 某人拍着胸脯说话。

（3）试演讲电影《高山下的花环》中雷军长的一段台词，并根据内容来设计手势。

我的大炮就要万炮轰鸣，我的装甲车就要隆隆开进！我的千军万马就要去杀敌，就要去拼命！就要去流血！可刚才，有那么个神通广大的贵妇人，竟有本事从千里之外，把电话打到我这前沿指挥所。她来电话干啥？她来电话是要我给她儿子开后门不上战场，让我关照关照她的儿子！哼！走后门，她竟敢走到我这流血牺牲的战场上！我在电话里臭骂了她一顿！我雷某人不管她是天老爷的夫人，还是地老爷的太太，走后门，哼，谁敢把后门走到我这流血牺牲的战场上，没二话，我雷某要让她儿子第一个扛炸药包去炸碉堡！去炸碉堡！

（4）对镜朗诵一篇演讲词或背诵一篇作品，试着把表情和手势等体态语融进去，并思考所使用的体态语是否恰当、自然。

4. 嘴形训练

用嘴形来表现下列情绪：大惊失色、目瞪口呆、瞠目结舌、委屈、倔强、不屑、喜悦、生气。

5. 头部动作训练

配合其他体态语来表现下面心情的头部动作：痛心疾首、仰天长叹、同意、无可奈何、沮丧、伤心、失望、落寞。

6. 站姿训练

（1）20分钟站立练习。

（2）观看某晚会，观察主持人的站姿，指出其正确与不正确之处，并谈谈自己的体会。

7. 坐姿训练

（1）设置各种场合，训练不同的坐姿。① 熟人间交谈；② 座谈会；③ 家里；④ 开会；⑤ 主席台就座；⑥ 受访。

（2）观看访谈类节目，观察主持人与受访者的坐姿，并加以评论。

8. 行姿训练

（1）模仿受奖者上台领奖，注意行姿的变化。

（2）同学之间互相观察，并指出各自存在的问题。

第 3 章
演讲稿准备的程序与演讲稿的设计

> 训练目标

通过训练,学生了解演讲前所要做的各项准备,熟悉演讲的各种目的,掌握如何确定演讲主题,如何开场、结尾,如何科学地准备、设计演讲稿。

> 泰山不让土壤,故能成其大;河海不择细流,故能就其深。
> ——李斯《谏逐客书》

成功的演讲除了要有良好的心理素质、正确的发音和得体的仪态外,还有一样重要的东西,那就是演讲稿的准备与设计。想要获得当众演讲的成功,材料的准备是必备的条件。如果你对话题很陌生,没有演讲的相关资料,即使你自信满满也说不出多少有价值的东西,自然不能抓住听众的耳朵,获得听众的认可。

3.1 演讲稿准备的程序

对于一场演讲,准备是很重要的。从演讲稿的设计到正式演讲,一般要经历如下程序。

了解听众 — 选择话题 — 收集资料 — 确定演讲目的 — 设计演讲稿 — 预讲(试讲) — 熟悉会场。

3.1.1 了解听众

演讲是针对特定听众展开的,对演讲效果的评判标准只能是听众对演讲的接受程度。因此，演讲者要对听众心理特征和听众构成进行了解，针对不同类型听众有选择地准备话题，使所讲话题契合听众的脾胃。

1. 了解听众心理

成功的演讲者既要使其演讲成为听众的一部分，也要使听众成为其演讲的一部分，而其中首要的，便是要了解和掌握听众的心理特点。总的说来，听众的心理主要有以下四个特点。

1) 听众对信息的接受具有选择性

听众听演讲是用听觉、视觉器官及大脑进行认识的一种综合心理活动，是在已有经验、知识和心理期待的基础上进行的，因而具有极强的选择性。首先是选择性注意，即只注意那些他们已知、有兴趣、有关系或渴望了解的部分；其次是选择性记忆，即容易记住那些自己愿意记住的信息，忘记那些自己不喜欢的信息；最后是选择性接受，即愿意接受那些与自己一致的观点。

2) 自我中心的功利目的

某些演讲失败，并不是演讲者缺乏足够的准备，而是听众对与己无关的演讲缺乏兴趣。这在某些形式主义的讲话场合中更为常见。听众往往考虑那些与他们切身利益密切相关的事情，如晋升职务、调整工资、单位福利等话题，总是比人口普查、计划生育、理论学习等话题更引人关注。因此，演讲者应充分注意听众的兴趣和利益，无论何种类型的演讲，都应从听众角度精心选择和设计演讲的主题、事例和表达方式。"功利"并不意味着一定是金钱、物质等经济利益，有关思想上的启迪、知识的补充、疑难问题的解答、精神上的娱乐等内容，对听众而言都是一种功利的收获，都能满足听众"自我中心"的需求。

3) 持续时间有限的注意力

实验报告显示，人类注意力的持续时间非常有限。以一个单位对象为标准，一般人注意力的持续时间只有 3～24 秒。并且，人的大脑随时准备接受新的刺激。因此，演讲者应该有意识地制造演讲内容的起伏跌宕，适时变换语调和节奏，甚至插入一些与主题关系并不密切的幽默或故事，以维系听众的注意力。

4) 听众心理是独立意识与从众心理的矛盾统一

听众心理既有独立思考、不唯上、不唯书的独立意识的一面，又有受其他听众影响而改变自己看法的一面。在演讲中，往往出现数人笑众人皆笑、数人鼓掌众人皆鼓掌、数人打哈欠众人皆有睡意的现象。高明的演讲者善于控制、调节听众的情绪，能适时煽动起听众的热情，把演讲推向高潮，也能及时发现听众的不耐烦情绪，以主动出击的方式控制消极情绪的蔓延。

2. 了解听众构成

一场具体的演讲，必须事先了解听众的具体构成成分，以便有针对性地做好演讲材料、演讲风格和演讲技巧的准备。从参加演讲会的目的来看，听众大致可分为以下六种类型。

（1）慕名而来。一般群众对各类名人都怀有一种敬仰、钦慕之心。因此，当著名政治家、科学家、演讲家、体育明星、影视明星等发表演讲时，往往有大批听众慕名前往。此类听众的主要目的大多是一睹名人风采，他们一般不太计较名人演讲水平的高低；同时，潜在的崇拜心理，往往能使名人的演讲激起异乎寻常的热烈反响。

（2）求知而来。为了获取新的知识和能力，听众会主动选择那些能满足自己求知欲的演讲。学术讲座、技术辅导、国外见闻等演讲能够吸引大批听众的原因是这些演讲满足了听众的求知欲望。此类演讲只要内容充实、条理清晰，听众一般不会过于挑剔演讲技巧。

（3）存疑而来。听众对自己渴望了解的演讲话题总是抱有极大的兴趣。例如，调整工资、保健问答、产品介绍等演讲，如果关系到听众的切身利益，听众会十分主动地参与演讲交流过程。此类听众只要求演讲者把演讲内容交代清楚，他们对演讲者的身份、地位和演讲水平不会有太苛刻的要求。

（4）捧场而来。在某些演讲特别是命题演讲比赛中，往往有一些演讲者的同学、同事和朋友前来助威和捧场。这类听众的人数虽少，但在渲染演讲会场气氛、调动其他听众情绪方面却能起到极其重要的作用。演讲比赛和体育比赛一样，东道主往往因"地利""人和"而占据优势地位，其主要原因是拥有自己的捧场者。

（5）娱乐而来。青年人喜欢演讲比赛，是因为演讲场上充满了激烈的竞争和热烈的气氛，具有一定的娱乐性。仅仅"看热闹"这一条理由，就已经能够吸引许多听众。不过，在为娱乐而来的听众的潜意识中，隐藏着他们对高水平演讲者的崇拜和学习演讲的欲望。

（6）不得不来。工作报告、经验交流、各类庆典的会场上，有相当一部分听众是由于纪律约束或出于礼貌而不得不来的听众。这类听众对演讲内容不甚关心，在演讲过程中往往心不在焉、反响冷漠。要征服这类听众，演讲者需要有较高超的演讲技巧。

以上仅仅分析了听众参加演讲会的目的。在演讲实践中，人数的多寡、男女的比例、文化水平的高低、职业的差别等，也会对演讲产生不同的影响。因此，演讲者需从各种途径了解听众的成分构成并采取相应的演讲方案。

3. 收集听众资料的方法

听众的心理和构成很重要，下面介绍三种收集听众信息的方法。

1）收集你所观察或征求到的信息资料

如果你与听众有某些联系（如他们是你的班级同学），那么你可以从个人观察和简单的调查中取得许多重要信息。例如，到班上听一两节课，你就会对班级成员的大致年龄、男女比例、种族构成有很好的了解。当你听他们讲话时，你将更多地了解到他们的兴趣所在、知识领域和对许多问题的态度，而且你还有机会调查他们的真实思想。

2）询问联系人

当你应邀去演讲时，可要求你的联系人尽可能多地提供你想要的各类信息。即使信息不如你想要的那么具体，它们也是非常有用的。

3）对听众人口统计资料作出明智的推测

如果不能通过任何其他方法取得信息，则必须依据间接信息作出明智的推测，如某个社区的一般人口构成是什么，或者哪种人可能来听你有关某话题的演讲等。

3.1.2 选择话题

了解了听众的情况后需要选择一个合适的话题进行演讲。一般可选择以下三种话题。

1. 听众喜欢的话题

（1）满足求知欲的话题。人们对于无限的宇宙、遥远的过去、神秘的未来和各种陌生的知识领域，总是感到迷茫和困惑，总希望掌握各类知识，充实和发展自己。这是人类生存的本能需要。

（2）刺激好奇心的话题。人人都有猎奇心理，世界趣闻、名人轶事、突发事件、科学幻想、个人经历等，都能激发听众的好奇心。

（3）事关听众利益的话题。群众最关心涉及切身利益的事情，关系到听众衣、食、住、行的演讲当然会受到欢迎。高明的演讲者往往能把间接涉及听众利益的话题转化为与听众直接相关的话题。

（4）有关信仰和理想的话题。听众，特别是青年听众，无论古今中外，都会对探索人生、追求理想、开拓事业等话题产生浓厚兴趣。

（5）娱乐性话题。幽默、笑话、故事穿插于演讲之中或构成一段完整的演讲，往往在博得听众一笑的同时也征服了听众。娱乐性演讲一般时间较短，或者用于娱乐、礼仪场合，或者用于调剂长时间演讲的会场气氛。

（6）满足听众优越感的话题。世界上很少有人讨厌"奉承"。演讲者要尽量掌握听众的基本情况，以便在演讲中穿插一些能满足听众优越感的话题。

2. 演讲者最熟悉、最热爱的话题

"感人心者，莫先乎情"，演讲者如果相信某件事，并热切地宣传它，便容易获得听众对这个话题的认同和热爱。演讲者自己充满了对演讲主题的"情"，才能激起听众强烈的"感"。

《我是演说家》选手马丁的《父与子的战争》前半场讲父子之间如何较劲，

父亲事事不认可自己，自己也看不惯父亲，引得全场笑声阵阵，气氛热烈；后半场却让观众泪水涟涟，感动不已。其中，讲到父亲临终时的情景如下。

　　时间到了 2012 年，我爸病了，癌症！把他送进医院之后几天，我的女儿马琪朵出生了，我给他看照片，我爸特高兴，笑得合不拢嘴说："哎呀，我这大孙女真漂亮，一看就是我们马家人。不行，我得赶紧出院，我哪怕就抱她一下、亲她一下，我就可以瞑目了。"我就说："爸，你说什么呢？你肯定很快就好了，然后你就出院了，你就陪着孙女一起长大。"我爸听了我说这话之后，那几天饭量明显地变好，脸色也红润了很多。我就看着天空暗暗地祈祷：老天爷，请你保佑我爸，让我爸真的能好起来，我跟他作战还没作够呢！可惜老天爷没能听到我的祈祷，我爸的病情恶化得很快，他被送进了重症 ICU，戴上了呼吸器，别说回家了，连说话都说不了。我内心清楚地知道，我爸跟我在一起的日子不会太多了，但是他有一个愿望，我要帮他完成这个愿望。我要把我的女儿抱到医院去让他看一眼，我一定要这样做。所有人都反对，我妈、我姐、我太太，医生也不同意，并说："你干嘛呀，重症 ICU 啊，你把一个未满月的孩子抱进去，万一传染了病毒怎么办？你疯了吧？你！"我就是疯了，我当时就像疯了一样去跟所有人作战，说服每一个家里人，我去找院长说："求求您了，我不能让我爸带着遗憾走，我一定要做这件事，我给您下跪，行不行？"我成功了，他们同意了。我来到我爸的病床前，我看着他，他那个时候神志已经有点不清醒了，我就轻轻地把他摇醒，我说："爸，我现在就回家，我把马琪朵给你抱来，让你看看她，好不好？"我爸的眼睛一下就亮了，特别地清澈。我知道他特别高兴、特别期待，然后我就跟他说："爸，你别睡着了，你千万别睡着了，我马上就回来！"我爸特别想说话，他盯着我的眼睛，但是他说不出来。他用尽了全身的力气做了一个特别轻微的动作，左右摇了一下头。我说："怎么了？爸，你不想见你孙女了吗？"我爸又左右摇了一下头，他就是这么的固执，生命最后一刻了，他还固执地为了自己孩子的孩子的健康而拒绝自己最后的一个心愿。我说："不行，爸，这事你得听我的，我必须这样做。"我爸就看着我，就一直这样地看着我，我就哭着坐在他的床边，拉着他的手说："爸，你听我的话，我再也不跟你作对了，但是这回请你听我的。"僵持了很久，我跟他说："我听你的！"

　　我知道他是为了我们好，为了我的孩子好。我跟他聊了很多，聊了很多过去从来没聊过的话，我一直想跟他聊天，但是我没找到机会，直到最后一个晚上我才跟他说了那么多。我跟他说："爸，你放心，我一定把女儿养好，让她特别健康地长大；爸，你放心，我一定照顾好妈妈，我让她又快乐、又健康、又长寿，你放心，我一定好好的，你在天上也会为我骄傲的，爸，谢谢你！"我爸没力气了，他不摇头也不点头，他的眼泪顺着眼角不停地流，这就是我和我父亲的最后一次对话。

当马丁回忆这段经历时,他全身心都沉浸在对父亲的留恋、失去父亲的伤痛,以及父亲宁可留下遗憾也不为满足自己见孙女的愿望而让孙女面对病毒危险的那份无私之爱的感动之中,这些情感都深深地感染了观众,观众也在马丁的演讲中联想到了自己与父母的亲情。

因此,演讲者最好选择那些自己熟悉并坚定不移地信仰的话题,如果要就某个自己不熟悉的话题发表演讲,事前应该充分地收集资料,以便熟悉这个话题并全身心地热爱它。

3. 从演讲现场发掘话题

演讲特别是即兴演讲,在准备时间很短或几乎没有时间准备的情况下,如何迅速选择和确定话题,从演讲现场发掘话题是一个切实可行的办法。此部分内容在第 6 章即兴演讲专门作讲解,在此不再赘述。

3.1.3 收集材料

在演讲中,材料是观点形成的基础,观点从材料中来。这种从材料中抽象出来的观点一旦形成,就成为进一步收集材料的依据。同时,思想观点的阐述,也以材料作支柱,离开了真实、具体、生动、新颖、典型、充分的材料来阐明思想观点,演讲就会如瘦骨嶙峋的"小瘪三"。只有大量广泛地收集材料和占有材料,才能使演讲获得成功。

由此可见,善于收集材料对演讲是非常重要的。在这方面很多人引用过林肯用高帽子和维德摩迪用大信袋收集材料的有趣故事。美国第十六任总统林肯,经常戴一顶当时流行的高帽子,随时将所见、所闻、所感的材料记在碎纸片、旧信封及破包装纸上,然后摘下帽子,放进里面,再把帽子戴上,闲暇之时,便分门别类加以整理,抄进本子以备用。这样做的特点是收集材料十分及时。维德摩迪是美国 19 世纪的大演说家,他准备了许多大信封,封面上标着醒目的标题,倘若遇到好材料,便及时摘录下来,放入相应的信封内。这可算是开分档储存有用材料之先河。他们的成功演讲与平时"做有心人"是密不可分的。唐代诗人刘禹锡诗云:"千淘万漉虽辛苦,吹尽狂沙始到金。"没有"千淘万漉"的辛勤劳作,怎能有"吹沙见金"的喜悦。

下面简单介绍三种收集材料的途径和方法。

1. 利用网络收集资料

互联网的信息是最为丰富的,收集起来也非常快捷。平时上网的时候,先在计算机里建立几个存储的文件夹,看到相关的信息,就把它们存储在对应的文件夹里。这样你的资料就会越来越丰富,在以后演讲时可用的素材也就越来越多。

另外,还可以利用邮箱订阅相关的信息。现在很多网站提供资料订阅服务,如百度、Google,你只要把自己感兴趣或认为有用的信息进行订阅,每天就可以迅捷地获得相关的资料。

2. 利用报纸、书籍收集材料

平时在看报、看书的时候遇到有用的信息就把其摘录下来，然后按照类别放到分类文件夹里。

3. 利用电视、广播收集材料

看电视、听广播不仅是单纯的消遣，准备几张纸或使用便笺本，看到有用的信息或数字就写下来，看到有价值的广告也可以记下来，然后进行整理分类。

3.1.4 确定演讲目的

在准备演讲之前，首先必须明确此次演讲的目的。演讲目的是指演讲者希望通过演讲在听众的脑海里留下哪些演讲的内容，并使听众产生一些积极行动。演讲一般有以下四个目的。

1. 激励听众的行动

很多演讲都是要激励听众，并使他们改变行动。例如，以保护环境为主题的演讲，演讲者就是通过运用逻辑、证据和情感来说服听众接受演讲者的建议。卡耐基口才训练班的教师们曾总结出一个演讲的魔术程序。

首先，尚未涉及演说核心内容前先举一个具体的实例，通过这个实例，把你想让听众知道的事透露出来。

然后，再用明确的语言叙述你的主旨、要点，将你想让听众去做的事明白地表达出来。这里的主旨、要点，要注意采用听众最容易了解的方式来表达，一定是具体的、听众能办到的。

最后，叙述理由，即简要地归纳一下听众按你的要求去做以后会得到哪些收益或进步。叙述理由时，可用一段话或两段话来阐明因采取行动会获得的利益，这个利益应当是实际的（跟实例能对应的），而不是牵强附会的。

李兰斯特在为儿童向联合国求援时，为了得到群众的支持，发表了以下演讲。

我由衷地向神祈祷，希望这种事别再发生，你也许从来也不曾想到，儿童与死亡之间的距离，仅有一粒花生米长而已，希望这种痛苦的记忆，不要一再重演在人类历史中。一月份的某一天，如果各位亲眼看到或听到那些受到飞机轰炸、惨不忍睹的劳工住宅区的情景……那时，我的手中只剩下半磅花生米罐头而已。当我打开罐头时，许多衣衫褴褛的孩子围了过来，还有很多抱着婴儿的母亲，也向我这里靠拢，希望我能收养那些小孩。那些抱在怀中或围在我身边的孩子，个个骨瘦如柴，只剩下皮包骨头，因过度营养不良而不住地打颤。我将手中的花生米，一粒一粒分送给每一位小朋友，心中只希望自己有更多的花生米，来分给更多的小朋友。

有些小朋友饥饿过度，紧紧抱住我的双腿不放，周围有数百只手向我哀求，我望着这些绝望的手，心里感到一阵悲悯。我在每一双小手上，放一粒奶油花生米，在他们挤来挤去的时候，有六粒花生米被碰掉，为捡拾花生米，孩子们蜂拥而上，你争我夺。有的小朋友左手拿着花生米，右手又伸过来，已失去希望的好几百双眼睛，呆呆地望着我，但是，我手中的花生米已经分送完毕，只剩下一个空空的罐子，我实在是心有余而力不足，只能眼睁睁地看着他们哀求无告的眼神……我心中不断祈求上苍，但愿这种人间惨剧，永远不会再发生……

以上案例，李兰斯特通过故事的形式来激励听众的行动，比她对大家说"各位，目前很多儿童非常可怜，请大家为他们捐款"这样的话语管用得多。

2. 传播知识或信息

许多演讲都是围绕将要发布的某项信息展开的，听众可以从了解这些消息中受益。在日常生活中经常会有一些传达知识或信息的指示、说明、报告等。要想有效地传播知识或信息，有赖于明确的表达能力，这是现代人的必备条件之一。你的表达越明确就越容易与人沟通，就会具备更多让别人了解你的机会，你就越能获得开拓自己的机会。

明确表达可以借助下面两种技巧。

1）用语要生动、形象、具体

很多时候，人们总爱用一些笼统的词来辅助表情达意，但效果一般；如果用一些生动、形象的词来修饰，效果就不一样了。

① 从那边走来一个漂亮的小姑娘。

② 从那边走来一个小姑娘，一头栗色的卷发随着走路的节奏一起一伏，大大的眼睛忽闪忽闪的好像会说话，粉嫩粉嫩的脸颊两旁有浅浅的一对小酒窝，一张嘴就盈满了一脸的笑意。

以上第一句用简单、笼统的"漂亮"一词来形容，到底小姑娘多漂亮就想象不出了；第二句用生动、形象、具体的词来修饰，这个小姑娘仿佛在人们眼前一样，一颦一笑立现纸上。所以，演讲时要多用生动、形象、具体的词汇。

当涉及一些专有名词时，要用日常生活当中容易让人理解的方式来加以解释。像地球与月球的距离、地球与太阳的距离等，这类问题如果用一连串的天文数字来回答，一般听众是很难理解和接受的。如果换一种方法就会浅显、明白很多。例如，"最靠近地球的星球是人马星座，但距离地球也有25兆英里，用光速从地球出发，也需要四年三个月的时间才能到达人马星座。"爱因斯坦用最简单的话来解释相对论："你与你最亲爱的人坐在火炉边，1个小时过去了，你觉得好像只过了五分钟；反过来，你一个人孤孤单单地坐在热气逼人的火炉边，只过了五分钟，你却好像坐了一个小时。这就是相对论。"

亚里士多德曾经说过："思考要像圣贤，说话要像凡人。"当你演讲时尽量用生动、形象、具体的语言去表达；如果涉及专业术语时，一定要使这些用语的意思让每一位听众明白。这样，演讲者才能有效地表达其意思，才能与听众心灵互动，同步到达思想的高峰。

2) 借助图片、幻灯片等视觉作用加以说明

俗话说："百闻不如一见。"现代心理学已经证明，由眼睛通往脑部的神经，比由耳朵通往脑部的神经要多好几倍。

3. 引起情感的共鸣与理解

这类演讲是以情动人，亲情、友情、爱情都可以。感情必须真挚，要以事实说话，用真情、实例来感动听众，引起听众正向的反应。

4. 娱乐

这类演讲以轻松、幽默的方式来传达主题和信息，可以单纯为了取悦听众，也可以是借助这样的方式达到引起听众注意的目的。

3.1.5 熟悉会场

除了了解听众，在演讲前，还要熟悉会场情况，以便与听众取得良好的沟通效果。一般应做好以下四方面的准备。

1. 提前报到

演讲者提前到达要演讲的地方，巡视整个会场，了解周围环境有没有其他因素影响演讲效果，如噪声等；确定讲台的位置；辅助工具如何摆放，放在哪里合适；听众的位置是如何安排的，是否有利于交流；灯光够不够亮，场地有多大，说话的音量应该多大为宜等。

2. 熟悉麦克风

演讲者要了解将要使用的麦克风怎样开关；提前练习用它说话；观察话筒电线位置，以防在演讲走路时让其绊倒等。

3. 准备好看板或多媒体播放设备

如果演讲者需要借助板书的话，就要弄清楚会场有没有黑板或白板；如果有，还要了解是否配备了相应的粉笔、板擦或墨水充足的白板笔等。如果演讲时要演示电子课件，就要在会场事先准备好计算机和多媒体播放设备，调试到位，并作试用。另外，还要充分考虑会场的灯光亮度来设计多媒体课件的背景颜色，以达到最佳的视觉效果。

4. 与组织者或主持人沟通

演讲者需要明确谁将介绍你，你将站在哪里。把写好的自我介绍交给主持人，确定他对你的名字发音是否正确。

训练设计

（1）假定你校要举办一个演讲比赛，听众是你所在系的大一新生，请你开展调查，了解听众心理和他们感兴趣的话题，填入表3-1。

表3-1　调查表

听众构成（性别或专业）				
感兴趣的话题一				
感兴趣的话题二				
感兴趣的话题三				

（2）根据上题调查结果选定某一个话题，围绕此话题收集材料，设计一个演讲提纲。

（3）阅读林语堂《论读书》中的选段，分析其演讲目的，并说说文中用了哪些材料，这些材料又是如何组织的。

今日所谈的是自由地看书读书：无论是在校、离校、做教员、做学生、做商人、做政客，有闲必读书。这种的读书，所以开茅塞，除鄙见，得新知，增学问，广识见，养性灵。人之初生，都是好学好问，及其长成，受种种的俗见俗闻所蔽，毛孔骨节，如有一层包膜，失了聪明，逐渐顽腐。读书便是将此层蔽塞聪明的包膜剥下。能将此层剥下，才是读书人。并且要时时读书，不然便会鄙吝复萌，顽见俗见生满身上，一人的落伍、迂腐、冬烘，就是不肯时时读书所致。所以读书的意义，是使人较虚心，较通达，不固陋，不偏执。一人在世上，对于学问是这样的：幼时认为什么都不懂，大学时自认为什么都懂，毕业后才知道什么都不懂，中年又以为什么都懂，到晚年才觉悟一切都不懂。大学生自以为心理学他也念过，历史地理他亦念过，经济科学也都念过，世界文学艺术声光化电，他也念过，所以什么都懂，毕业以后，人家问他国际联盟在哪里，他说"我书上未念过"，人家又问法西斯蒂在意大利如何，他也说"我书上未念过"，所以觉得什么都不懂。到了中年，许多人娶妻生子，造洋楼，有身份，做名流，戴眼镜，留胡子，拿洋棍，沾沾自喜，那时他的世界已经固定了：女子放胸是不道德，剪发亦不道德，社会主义就是共产党，读《马氏文通》是反动，节制生育是亡种逆天，提倡白话是亡国之先兆，《孝经》是孔子写的，大禹必有其人，……意见非常之多而且确定不移，所以又是什么都懂。其实是此种人久不读书，鄙吝复萌所致。此种人不可与深谈。但亦有常读书的人，老当益壮，其思想每每比青年急进，就是能时时读书所以心灵不曾化石，变为古董。

读书的主旨在于排脱俗气。黄山谷谓人不读书便语言无味，面目可憎。须知世上语言无味、面目可憎的人很多，不但商界政界如此，学府中亦颇多此种人。然语言无味，面目可憎在官僚商贾则无妨，在读书人是不合理的。所谓面目可憎，不可作面孔不漂亮解，因为并非不能奉承人家，排出笑脸，所以"可憎"；胁肩谄笑，面孔漂亮，便是"可爱"。若欲求美男子小白脸，尽可于跑狗场、跳舞场、及政府衙门中求之。有漂亮脸孔，说漂亮话的政客，未必便面目不可憎。读书与面孔漂亮没有关系，因为书籍并不是雪花膏，读了便会增加你的容辉。所以面目可憎不可憎，在你如何看法。有人看美人专看脸蛋，凡有鹅脸柳眉皓齿朱唇都叫做美人。但是识趣的人若李笠翁看美人专看风韵，笠翁所谓三分容貌有姿态等于六七分，六七分容貌乏姿态等于三四分。有人面目平常，然而谈起话来，使你觉得可爱；也有满脸脂粉的摩登伽，洋囡囡，做花瓶，做客厅装饰甚好，但一与交谈，风韵全无，便觉得索然无味。黄山谷所谓面目可憎不可憎亦只是指读书人之议论风采说法。若浮生六记的芸，虽非西施面目，并且前齿微露，我却觉得是中国第一美人。男子也是如是看法。章太炎脸孔虽不漂亮，王国维虽有一条辫子，但是他们是有风韵的，不是语言无味面目可憎的。简直可认为可爱。亦有漂亮政客，做武人的兔子姨太太，说话虽漂亮，听了却令人作呕三日。

至于语言无味（着重"味"字），都全看你所读是什么书及读书的方法。读书读出味来，语言自然有味，语言有味，做出文章亦必有味。有人读书读了半世，亦读不出什么味儿来，都是因为读不合的书，及不得其读法。读书须先知味。这味字，是读书的关键。所谓味，是不可捉摸的，一人有一人胃口，各不相同，所好的味亦异，所以必先知其所好，始能读出味来。有人自幼嚼书本，老大不能通一经，便是食古不化勉强读书所致。袁中郎所谓读所好之书，所不好之书可让他人读之，这是知味的读法。若必强读，消化不来，必生痞积胃滞诸病。

口之于味，不可强同，不能因我之所嗜好以强人。先生不能以其所好强学生去读。父亲亦不得以其所好强儿子去读。所以书不可强读，强读必无效，反而有害，这是读书之第一义。有愚人请人开一张必读书目，硬着头皮咬着牙根去读，殊不知读书须求气质相合。人之气质各有不同，英人俗语所谓"在一人吃来是补品，在他人吃来是毒质"（Ones meat is not hers poison）。因为听说某书是名著，因为，要做通人，硬着头皮去读，结果必毫无所得。过后思之，如作一场噩梦。甚且终身视读书为畏途，提起书名来便头痛。小时候若非有随时扔掉不喜之书之权，亦几乎堕入此道矣！萧伯纳说许多英国人终身不看莎士比亚，就是因为幼年塾师强迫背诵种下的果。许多人离校以后，终身不再看诗，不看历史，亦是旨趣未到学校迫其必修所致。

所以读书不可勉强，因为学问思想是慢慢怀胎滋长出来。其滋长自有滋长的道理，如草木之荣枯，河流之转向，各有其自然之势。逆势必无成就。树木的南枝遮荫，自会向北枝发展，否则枯槁以待毙。河流遇了矶石悬崖，也会转向，不是硬冲，只要顺势流下，总有流入东海之一日。世上无人人必读之书，只有在某时某地某种心境不得不读之书。有你所应读，我所万不可读，有此时可读，彼时不可读，即使有必读之书，亦决非此时此刻所必读。见解未到，必不可读，思想发育程度未到，亦不可读。孔子说五十可以学易，便是说四十五岁时尚不可读《易经》。刘知几少读古文《尚书》，挨打亦读不来，后听同学读《左传》，甚好之，求授《左传》，乃易成诵。《庄子》本是必读之书，然假使读《庄子》觉得索然无味，只好放弃，过了几年再读。对庄子感觉兴味，然后读庄子，对马克思感觉兴味，然后读马克思。

且同一本书，同一读者，一时可读出一时之味道出来。其景况适如看一名人相片，或读名人文章，未见面时，是一种味道，见了面交谈之后，再看其相片，或读其文章，自有另外一层深切的理会。或是与其人绝交以后，看其照片，读其文章，亦另有一番味道。四十学《易》是一种味道，五十而学《易》，又是一种味道。所以凡是好书都值得重读的。自己见解愈深，学问愈进，愈读得出味道来。譬如我此时重读 Lamb 的论文，比幼时所读全然不同，幼时虽觉其文章有趣，没有真正魂灵的接触，未深知其文之佳境所在。一人背痛，再去读范增的传，始觉趣味。（选自《大荒集》1934 年）

演讲目的：_____
_____
_____
_____
_____

3.2 演讲稿的设计

演讲稿的准备是演讲准备工作中一个很重要的方面，演讲稿设计得是否科学恰当直接影响演讲的成败。

3.2.1 确定主题

主题是演讲的灵魂，它决定演讲思想性的强弱，制约材料的取舍和组织，影响论证方式和主题调度。没有明确的主题，演讲就如同一盘散沙，即使讲得天花乱坠，也会让人不知所云、不解其意。历史上那些不朽的演讲都是因为有一个精彩的主题句而名垂千史。例如，马丁·路德·金的"我有一个梦想"，让很多人对未来充满了希望；罗斯福的"我们唯一恐惧的就是恐惧本身"，使美国人抛弃了懦弱和恐惧，走出了令人绝望的20世纪30年代的大萧条。

1. 演讲主题的要求

1) 演讲主题应集中

贪心会导致失败。很多演讲失败者都因为没有在主题限定的范围内演讲，而是跑偏了或跑远了，要讲的东西太多、太杂，听众无法将注意力集中到重点内容上去；到最后，给听众的感觉是演讲者啰里啰唆、不知所云。一般来说，一篇演讲稿只能有一个主题，演讲者必须围绕这个主题展开论述，否则会造成本场演讲思维散漫、中心不明。

2) 主题要求鲜明、正确、新颖、深刻

主题是演讲的灵魂，这个灵魂应该是鲜明、正确、新颖、深刻的。鲜明，是指演讲主题要贯穿于全篇，能够给听众留下深刻的印象，并引起强烈的反响；正确，是指其观点、见解具有积极意义，使听众受到教益，取得良好的社会效应；新颖，是指见解独特，给人以清新之感，对听众具有诱惑力和吸引力，能引起听众的兴趣和注意；深刻，是指提出的主张和见解能揭示事物的本质，能使听众受到启迪，从感性认识上升为理性认识。

2. 演讲主题最基本的组合方式

1) 排比式

排比式是将演讲主题分解为若干分题，逐一论证阐述。其结构的优点是条理清晰，富有力量和气势。

例如，一篇名为《世界也有我们的一半》（演讲者权红）的命题演讲，它的主话题是妇女的地位和价值，主话题又被分解为以下三个分话题。

（1）女人没有获得自己的一半。（演讲者列举了一系列现实生活中妇女仍受到不平等待遇的事例）

（2）女人本应有自己的一半。（演讲者从社会发展和马克思主义理论高度理直气壮地为妇女呐喊）

（3）女人应争得自己的一半。（演讲者号召女同胞们自强不息、自爱自重，

做一个伟大的女性)

一般的布置、总结工作的应用类演讲，常常采用"第一点……第二点……"这种排比式的结构组合。

2) 对比式

对比式是围绕演讲主题，从正反两方面展开论证。对比式结构的优点是反差强烈、发人深省。例如，一篇名为《从外国人的名片谈起》（演讲者石亚男）的演讲，演讲者围绕"名副其实和名不副实"这一"名片"现象，以外国和中国的典型事例作鲜明对比，最后得出结论："改革吧！在各项事业中，在各种职务中，改出一个名副其实来！"

3) 递进式

递进式是利用因果、时间、逻辑、情感等关系，各分题循序渐进，最后达到演讲高潮或中心论点。其基本结构如阶梯一般，节节上升。递进式结构的优点是主题逐层深化，逻辑说服力强。

著名诗人流沙河曾与全国青年散文大奖赛获奖者同舟夜游，在船上流沙河应邀发表了即兴演讲。这篇演讲的主题结构由以下四个层次组成。

(1) "今晚"与各位获奖者"同舟一游"，乃百世有缘。
(2) "明晨登岸"，各位要做好无人"抬轿"、备受冷遇的思想准备。
(3) "登岸之后"，各位宜"甘心寂寞，埋头向前"，勿被声色财帛所惑。
(4) "上路之后"，各位要"振作精神"，对未来充满信心，因为"经久耐用"的优势属于青年。

流沙河的演讲，把旅游时间上的递进关系和对当代文坛认识上的递进关系巧妙地结合起来，引导听众步步达到他的中心论点，即青年作家在当代文坛清浊激烈冲突的年代，要清醒地认识自己的价值、地位和前途。

上述演讲主题的三种组合方式可以互相结合、多层套用，从而形成千姿百态的演讲主题结构。但总体来说，作为口头语言表达形式，演讲主题的组合不宜太复杂。

3.2.2 搭建架构

确定了演讲主题，接下来就需要一个良好的架构，才能把自己想要传达的信息成功地传递给对方。演讲的架构就像一个建筑物的框架一样，有了筋骨，往里填材料就容易多了。马克·威斯卡普有一个很好的搭建架构的方法，他是用幻灯片的形式进行的，但也可以用卡片或者纸。

第1页：写入"具有行动指向性的演讲标题"。
第2页：写入"我的主题句"。

第 3 页：写入"支持性论述 1"。
第 4 页：写入"支持性论述 1：数据/信息"。
第 5 页：写入"支持性论述 1：数据/信息"。
第 6 页：写入"支持性论述 1：故事"。
第 7 页：写入"支持性论述 2"。
第 8 页：写入"支持性论述 2：数据/信息"。
第 9 页：写入"支持性论述 2：数据/信息"。
第 10 页：写入"支持性论述 2：故事"。
第 11 页：写入"支持性论述 3"。
第 12 页：写入"支持性论述 3：数据/信息"。
第 13 页：写入"支持性论述 3：数据/信息"。
第 14 页：写入"支持性论述 3：故事"。
第 15 页：写入"我的主题句：重复"。
第 16 页：写入"具有行动指向性的演讲标题"
（还可以更多）。

这是一个具有多重目标的提纲和模板，可以很轻松地组织演讲者的想法和观点。这个模板呈现出以下结构。

引言：第 1～2 页。

演讲主体：第 3～14 页。

大总结：第 15～16 页。

这个模板就像一个路标一样指引演讲者成功地完成演讲。模板的逻辑结构如下。

- 发展出一个强有力的演讲标题。
- 创造出演讲的主题句。
- 加入第一个支持演讲的主题句的论述，从两个方面来展示演讲的数据/信息，讲述一个准备的故事。
- 加入第二个支持演讲的主题句的论述，从两方面来展示演讲的数据/信息，讲述一个故事。
- 加入第三个支持演讲的主题句的论述，从两个方面展示演讲的数据/信息，讲述一个故事。
- 做一个总结。

以《荣誉的光环是"钉子"精神的闪烁》为例，说明如何搭建架构。

- 引言：作者的成就与雷锋"钉子"精神的关系——雷锋的"钉子"精神

激励作者自学14年而被部队树为"自学十年,锲而不舍"的学雷锋标兵,破格提干。

- 主体:发扬"钉子"精神是走自学之路的契机——作者失去上大学的机会而渴望学习和深造;"钉子"精神在自己身上产生的效果——作者自学获得大专文凭;"钉子"精神促使作者拼搏所取得的成果——概括17次立功受奖的事例。
- 总结:赞扬"钉子"精神,揭示本次演讲的主旨。

3.2.3 正确的准备方法

很多人认为演讲准备就是写完演讲稿,然后把它背得滚瓜烂熟就可以了,殊不知这是最差的准备方法。

从讲台上跌下来的副董事长

班斯·布希芮尔,毕业于巴黎美术学校,担任一家保险公司的副董事长。他因工作需要,要对全美各分公司2 000名代表发表20分钟的演说。他欣然接受,认为这是提高声望的好机会。于是,他先撰写演讲稿,然后逐字逐句背下来,并在镜子前反复练习动作手势,直到自认为满意为止。他觉得这次演讲一定是完美无缺的,因为他对演说的台词、语调及每一个表情动作都作了周详的设计。但是,当他走上讲台时,一阵莫名其妙的恐惧忽然袭涌上来,说完第一句话就再也想不出下句了;他口干舌燥,焦急得快要窒息。此时,他往讲台后侧退了两步,又重复一遍。如此反复了四次时,他一不小心掉下了讲台。台下的听众哄堂大笑,甚至有一位观众笑得跌倒在过道上。副董事长感到很羞愧,递交了辞呈。公司老板极力挽留他,鼓励他恢复自信心。后来,他接受了教训,坚决抛弃背稿的恶习,终于成为公司里最擅言辞的人。

上面的例子告诫我们,千万不要逐字逐句地背诵演讲稿。即便你能够顺利地背诵下来,没有像班斯·布希芮尔那样出丑,但是要知道,演讲者在专注背诵的同时,往往会忽略其他方面,导致演讲缺乏临场感,效果不佳。

其实,准备演讲的材料可以借助演讲大纲来达到目的。只要记住前述那个模板,这个演讲的主题是什么,用几个支持性论述来支持,中间要引用哪些数据/信息,哪些事例(故事)就行了,不必逐字逐句地死板背诵。

演讲的大纲确定以后可以进行预讲,演讲就像学游泳,如果不下水是永远学不会游泳的。"台上一分钟台下十年功",用在演讲上也不为过。要想台上有一个好的表现,预讲(试讲演练)是必不可少的。

预讲可以自己面对镜子练习,或者将演讲内容录入磁带,最好的办法是在家人或朋友面前预讲，倾听他们的意见。预讲一方面可以发现自己不足的地方，及时进行改进，如常出现的口头禅、重复率过频的语气词等，又如内容、顺序上需要调整的地方都能从预讲中发现；另一方面可以缓解紧张的情绪，提高演讲效果。同时，还可以帮助演讲者预控演讲时间。如果预讲的效果满意，可以帮助演讲者提升自信心，为正式演讲取得成功奠定基础。

古希腊演讲家德摩斯梯尼对试讲演练非常重视。他把自己关在地下室书房长达3个月之久，学习演讲的技巧。为了表明自己不达目标誓不出门的决心，他把自己的头发剃光。等到头发重新长出来，德摩斯梯尼走出地下室，成为一个造诣颇深的演讲家。

又如，曾任微软全球副总裁的李开复先生，他刚开始演讲的时候，就要求自己每个月作两次演讲，而且每次都要请一个朋友去旁听，之后给他提出意见。他对自己承诺，不事先排练三次，绝不上台演讲。

训练设计

（1）概括出《在马克思墓前的讲话》（恩格斯）的主题。

3月14日下午两点三刻，当代最伟大的思想家停止思想了。让他一个人留在房间里不过两分钟，等我们进去的时候，便发现他在安乐椅上安静地睡着了——但已经永远地睡着了。

这个人的逝世，对于欧美战斗的无产阶级，对于历史科学，都是不可估量的损失。这位巨人逝世以后所形成的空白，不久就会使人感觉到。

正像达尔文发现有机界的发展规律一样，马克思发现了人类历史的发展规律，即历来为繁茂芜杂的意识形态所掩盖着的一个简单事实：人们首先必须吃、喝、住、穿，然后才能从事政治、科学、艺术、宗教等。所以，直接的物质的生活资料的生产，从而一个民族或一个时代的一定的经济发展阶段，便构成基础；人们的国家制度、法的观点、艺术以至宗教观念，就是从这个基础上发展起来的，因而，也必须由这个基础来解释，而不是像过去那样做得相反。

不仅如此，马克思还发现了现代资本主义生产方式和它所产生的资产阶级社会的特殊的运动规律。由于剩余价值的发现，这里就豁然开朗了，而先前无论资产阶级经济学家或社会主义批评家所做的一切都只是在黑暗中摸索。

一生中能有这样两个发现，该是很够了，即使只能作出一个这样的发现，也已经是幸福的了。但是马克思在他所研究的每一个领域，甚至在数学领域，都有独到的发现，这样的领域是很多的，而且其中任何一个领域他都不是浅尝辄止。

他作为科学家就是这样。但是这在他身上远不是主要的。在马克思看来，科学是一种在历史上起推动作用的、革命的力量。任何一门理论科学中的每一个新发现——它的实际应用也许还无法预见——都使马克思感到衷心喜悦,而当他看到那种对工业、对一般历史发展立即产生革命性影响的发现的时候,他的喜悦就非同寻常了。例如,他曾经密切注视电学方面各种发现的进展情况,不久以前,他还密切注意了马赛尔·德普勒的发现。

因为马克思首先是一个革命家。他毕生的真正使命,就是以这种或那种方式参加推翻资本主义社会及其所建立的国家设施的事业,参加现代无产阶级的解放事业,正是他第一次使现代无产阶级意识到自身的地位和需要,意识到自身解放的条件。斗争是他的生命要素。很少有人像他那样满腔热情、坚韧不拔和卓有成效地进行斗争。最早的《莱茵报》(1842年)、巴黎的《前进报》(1844年)、《德意志—布鲁塞尔报》(1847年)、《新莱茵报》(1848—1849年)、《纽约每日论坛报》(1852—1861年),以及许多富有战斗性的小册子,在巴黎、布鲁塞尔和伦敦各组织中的工作,最后,作为全部活动的顶峰,创立伟大的国际工人协会,作为这一切工作的完成——老实说,协会的这位创始人即使别的什么建树,单凭这一成果也可以自豪。

正因为这样,所以马克思是当代最遭嫉恨和最受诬蔑的人。各国政府——无论专制政府或共和政府都驱逐他;资产者——无论保守派或极端民主派——都竞相诽谤他,诅咒他。他对这一切毫不在意,把它们当作蛛丝一样轻轻拂去,只是在万不得已时才给予回敬。现在他逝世了,在整个欧洲和美洲,从西伯利亚矿井到加利福尼亚,千百万革命战友无不对他表示尊敬、爱戴和悼念,而我敢大胆地说,他可能有过许多敌人,但未必有一个私敌。

他的英名和事业将永垂不朽!

(2) 请以《祖国在我心中》为题,设计排比式主题。

_____
_____
_____

_____

(3) 以诚信为话题用马克·威斯卡普的搭建架构法设计一个演讲提纲,然后小组讨论、预讲,互相提出改进建议。

第1页:写入"具有行动指向性的演讲标题"。

_____

第2页:写入"我的主题句"。

_____

第3页：写入"支持性论述1"。

第4页：写入"支持性论述1：数据/信息"。

第5页：写入"支持性论述1：数据/信息"。

第6页：写入"支持性论述1：故事"。

第7页：写入"支持性论述2"。

第8页：写入"支持性论述2：数据/信息"。

第9页：写入"支持性论述2：数据/信息"。

第10页：写入"支持性论述2：故事"。

第11页：写入"支持性论述3"。

第12页：写入"支持性论述3：数据/信息"。

第13页：写入"支持性论述3：数据/信息"。

第14页：写入"支持性论述3：故事"。

第15页：写入"我的主题句：重复"。

第16页：写入"具有行动指向性的演讲标题"。

3.3 演讲的开头和结尾

演讲稿的设计主要注意三个方面：① 开场白要有吸引力；② 结尾要耐人寻味；③ 内容要丰富饱满，有趣味。

3.3.1　匠心独运的开场白

"良好的开端，成功的一半"，演讲也是如此。有一个好的开场白，可以吸引听众的注意力，可以给听众留下深刻印象，可以立即控制现场气氛，从而为接下来的演讲搭梯架桥。

第一句讲什么，当然是永远猜不透的谜底。俗话说，"各人师傅各人法""到什么山上唱什么歌"。开口第一句话，必须根据不同的时间、地点，不同的环境、场合，不同的听话对象及听众的情绪等来进行适当的调整。演讲的开场尽管没有绝对固定的模式，但可以借鉴以下一些好的方式。

1. 以故事开场

这种开场方法是通过一个与演讲主题有密切关系的故事或事件开头，以生动有趣的故事或事件打动听众，增强吸引力。

1984年洛杉矶奥运会上，我国运动员夺得了15枚金牌、8枚银牌、9枚铜牌，成绩辉煌。奥运会结束后，一位有识之士发表了《看了金牌之后》的演讲，以下是该演讲稿的开头。

有一段相声说，在李莲英大总管红紫当朝的年月，中国曾派出过体育代表团参加奥运会。这位只会喊"喳"的"小李子"不懂什么是国歌，于是以《贵妃醉酒》代替；而且选了飞檐走壁的大侠去跳高，选了皇宫里传旨的小太监参加短跑；找了几个北京天桥变戏法的，每个怀里揣一个篮球去和洋人比赛，结果把篮球变来变去，不见传球，只见入网。从那以后打篮球的都穿背心，裤衩，就是吃了李莲英的亏才作出的国际性规定。这段相声使我捧腹不已，然而也让人觉得有些解嘲的味儿，跟阿Q说的"先前阔"有点相近。实际上，中国人首次参加奥运会是在52年前，运动员仅有一员，"硕果"是一个"鸭蛋"。然而52年后，还是在天使之城的洛杉矶，我国运动健儿夺得了15枚金牌、8枚银牌、9枚铜牌，名列金牌榜总数第四位。这可不是相声，是事实。倘要论起走向世界，大胆革故鼎新，我当推体育界……

演讲者用一段相声开头引出了1984年洛杉矶奥运会中国体育健儿所取得的成绩，进而进入演讲的主题：大胆革故鼎新，我当推体育界。

某大学的演讲课练习，演讲题为《当我走进大学校门的时候》，一位大学生这样开始他的演讲。

大家一定会记得这样一个传说吧，阿拉伯有个神奇的山洞，里面收藏了40个大盗偷来的金银财宝和珍珠玛瑙，只要掌握了一句咒语，洞门就会自动打开。有一天，一个叫阿里巴巴的人无意中知道了这句咒语，他打开了财富之门，成为巨富。

演讲者以人们熟知的阿拉伯传说作为开场白，把大学之门比作知识的财富之门，获得了较好的演讲效果。

这种开头方式生动、有趣、亲切，能够引起听众的兴趣，拉近与听众之间的距离。

2. 以开门见山式开场

演讲者需要在最短的时间里与听众建立一种联系，结束了这场演讲或许就再也没有机会与这些听众见面。因此，演讲者需要在最短的时间里与听众建立一种亲密关系。听众不会给演讲者许多时间和耐心，以便了解演讲者。他们想要的是兴奋、智慧、机智和成就感。所以，演讲者也不妨采用开门见山的方式直奔主题，即刻抓住听众的耳朵，如杨耀在《战士的爱》演讲中的开头。

朋友们，听到这个题目，在座的许多同志也许会联想到爱情。是的，爱情是神圣的，也是美好的。可是，我今天所要讲的，却是一种更高意义上的具有更强生命力的爱。这，就是战士的爱！

演讲者开宗明义，用简洁凝练、充满激情的语言，不转弯抹角，不过多渲染铺垫，直截了当，将听众的思绪集结到演讲的中心议题上，激起了听众对演讲主要内容的思考兴趣。

3. 以自嘲、幽默开场

幽默是人类智慧火花的闪现。诙谐幽默的开头不仅能较好地彰显演讲者的智慧和才华，增强语言的美感，而且能使听众在轻松愉快的气氛中不自觉地进入角色，接受演讲内容。例如，1965年11月，周恩来总理特意在上海展览馆大厅为美国友人安娜·路易斯·斯特朗女士80寿辰设宴庆祝，在宴会上，周总理的开场白如下。

女士们、先生们，今天，我们为我们的好朋友、美国女作家安娜·路易斯·斯特朗女士庆祝"40公岁"诞辰。（参加宴会的祝寿者为"40公岁"感到纳闷不解）在中国，"公"字是紧跟它的量词的两倍。40公斤等于80斤，40公里等于80里，40公岁等于80岁。

周总理轻松巧妙、诙谐幽默的解释，寓庄于谐，庄谐相宜，情绪感染力很强，在几百位祝寿者中激起了一阵欢笑，大厅内掌声热烈，现场气氛喜庆愉悦，80岁的斯特朗女士更是激动不已，流下了高兴的泪水。

利用自身特点，充满乐观情绪的自嘲，有时也不失为幽默开头的好方法。1990年中央电视台邀请台湾影视艺术家凌峰先生参加春节联欢晚会。当时，许多观众对他还很陌生，为了缩短与观众的距离，抓住观众的心，聪明的凌峰说："在下凌峰，我和文章不同，虽然我们都得过金钟奖和最佳男歌星称号，但我以长相难看而出名。一般来说，女观众对我的印象不太好，她们认为我是人比黄花瘦，脸比煤炭黑。"

凌峰先生的这段开场白嬉而不谑，妙趣横生，个性鲜明，在令观众捧腹大笑的同时，也给他们留下了非常坦诚、风趣幽默的良好印象，收到了意想不到的效果。一夜间，凌峰的名字传遍了祖国大地。

但是，使用幽默式开场白要把握好"度"，切忌使用低级庸俗的笑话或粗俗的语言。传说大军阀韩复榘就曾到一所大学视察，他给大学生们作了一场如下开场白的演讲。

今天是什么天气？今天是演讲的天气。开会的人来齐了没有？看样子大概有五分之八啦。没来的举手吧！很好，很好，都到齐了。你们来得很茂盛，鄙人也实在是感冒。今天兄弟召集大家，来训一训；兄弟有说得不对的，大家应该互相原谅，因为兄弟和你们大家比不了。你们是文化人，都是大学生、中学生和留洋生，你们这些乌合之众是科学科的、化学化的，都懂七八国的英文。兄弟我是大老粗，连中国的英文也不懂。你们是从笔筒里爬出来的，兄弟我是从炮筒里钻出来的。今天到这里讲话，真使我蓬荜生辉，感恩戴德。其实我没有资格给你们讲话。讲起来吗，就像，就像……对了，就像对牛弹琴。

韩复榘没有文化又要冒充斯文，大学生们被他的演讲逗得哈哈大笑。但这种笑声恰恰是听众对演讲者庸俗、浅薄、粗痞语言的嘲笑，也贬低了演讲者在听众心目中的人格形象。

4. 以制造悬念开场

人都有好奇之心，一旦激发了听众的好奇心，就能吸引听众的注意，促使听众尽快进入演讲者的主题框架。以制造悬念开场就能达到这样的效果。例如，四川省成都都江堰市向峨乡党委书记罗鸿亮《震不垮的战斗堡垒》演讲的开场白。

各位领导、同志们，我是四川省都江堰市向峨乡党委书记罗鸿亮。5月12日下午，我正在莲花湖畔的莲月村主持一个村道建设工作会。突然，地动山摇，莲花湖像开水一样翻滚。有人大声喊："地震了！"我和大家赶紧跑出会议室，爬上湖边的岩石，朝乡政府方向望去，那边已是满天黄烟，什么都看不清。不好，得马上回去！我和同事们急忙往乡政府跑。一路上，周围的房屋几乎都垮了，水泥路面到处坍塌开裂。乡政府和周边的情况比我想象的更严重：成片的房屋只剩下几栋孤零零地立在废墟中，整个街道变成了一片砖瓦堆！

演讲者开头即设悬念，讲述这场灾难来势之猛，破坏力之大，场景之惨，使听众产生焦虑、紧张、揪心、震惊的情感体验，绷紧了思维之弦，渴望了解地震灾区情况，急于知道危难时刻党组织的战斗堡垒作用、党员的先锋模范作用是怎样发挥的。大灾大难最易折射人性的光辉，更是党员党性观念强弱的试金石。听众急不可耐地想听下去也是再自然不过的事了。

还有一种设置悬念的方法是提问。一位老先生在作关于干部工作作风的演讲时，首先向听众进行以下提问。

人是从哪里老起？（听众纷纷作答，有的人说人从脚老起，有的人说从大脑老起，会场气氛十分活跃）我看有的人从屁股老起。（全场哄堂大笑）某些干部不深入实际，整天泡在会海里，坐而论道，那屁股可遭孽了，又要负担上身的重压，又要与板凳摩擦，够劳累的了。如此一来，岂不是屁股先老吗？

5. 以道具展示开场

这种开场方式是演讲者在开始演讲前展示一种实物，给听众一个新鲜、感性的直观印象，从而引起听众注意。

在一个古钱币展览会上，有一个人的演讲开场白是这样的："在场的诸位，有没有人在街上捡到过这样一枚钱币？"然后向听众展示那枚钱币，大家立刻就注意他手上高举的钱币，看自己以前到底有没有捡到过。

在某军校举办的以《珍惜时间》为主题的演讲会上，6号选手在上场时，顺手在赛场窗台上捡起一片黄叶，面对手中的黄叶，开始以下演讲。

亲爱的同学们：你们看，我手中拿的是什么？是一片落叶吗？不错。然而这仅仅是一片落叶吗？不。它是穿过时空隧道的过客，是一片凝聚的时间，是一首哀叹时间一去不回头的诗。我们读它，仿佛是在与那来去无踪的时间对话。从这里，我们看到了时间的力量和冷峻。绿叶婆娑，那是时间的恩典；黄叶飘零，那是时间的摧残。面对它，我们还有什么理由轻视时间呢？……

6. 以名言开场

格言、警句、歌词、谚语、诗词等语言简洁优美，文化积淀深厚，极富哲理，启迪性强，永远具有引人注目的力量。恰当地引用名言警句，是演讲开头的好方法。

在《生命之树常青》演讲中，有一位选手是这样开头的。

朋友们，伟大的诗人歌德曾经有这样一句诗："生命之树常青。"是的，生命对于每一个人来说，都是宝贵的，因为它只有一次；生命对于每一个人来说都是短暂的，因为它来去匆匆。珍爱生命，就是珍爱自己的青春年华；善待生命，就是善待自己的美好人生。那么，我们应该怎样使自己的生命更有意义？怎样使自己的生命之树常青？不同的信念和追求会有不同的回答。我认为：生命是由阳光带来的，我们应该像对待阳光一样，不要浪费它，让它也去照耀人间。

要注意的是，作为开场白的被引用材料，必须极其精彩，具有相当强的概括力、说服力和感染力。而且，被引用材料要出自权威、名人或是听众十分熟悉的事情。

3.3.2 耐人寻味的结尾

拿破仑说："决定战争胜败的关键，往往在于最后五分钟。"而演讲能给听众留下深刻印象的部分，往往也是结尾。但是，很少有人愿意在结尾上雕琢更多，他们总是轻描淡写地草草收场，结果使整个演讲光开花不结果。要使演讲让人记忆深刻，那么结尾也必须使人意犹未尽，像一首优美的曲子一样，"余音绕梁，三日不绝"。

结尾没有定式，却可以有参照的模式。以下五种方式可以灵活变通使用，也可以组合使用。

1. 以总结结尾

在演讲结束时对整个演讲内容作出提纲挈领式的归纳和概括，再次敲击听众的心扉，可以帮助听众填补一些他们前面没有完全领会的信息空白，从而对演讲加深印象。

台湾演讲家林伟贤在作如何成为百万富翁为主题的演讲时，是用以下总结结尾的。

我祝福各位以后都能成为百万富翁。要想成为百万富翁，我们必须做到三点：① 有完全的自信；② 积极地努力；③ 每天对自己做出检讨。

2. 以故事结尾

结束的时候讲一个意味深长的故事，会让听众觉得演讲意犹未尽，回味无穷。同时，还可以利用故事的含义提升演讲的全部内容，让听众深刻体会演讲的内涵。

有人就用这样一个故事来结束其演讲。

在一个村子里，有一个顽皮的小孩。有一天，小孩逮了两只麻雀，他一手抓着一只麻雀跑到一个老者家里。这个老者是全村最有智慧的人，人们有什么解不开的谜团总是请教他。这个小孩问老者："爷爷，你看我手中的这两只鸟，是死的还是活的？"老者看了看这个聪明伶俐的小孩，笑着说："如果我说是活的，你用手一捏，麻雀就死了；如果我说是死的，你放开手，让它飞了，它就是活的。所以我没有答案，真正的答案掌握在你的手中。"

这个故事就是向听众说明一个道理："我今天告诉大家的，并没有任何答案，大家听完演讲之后，真正的答案就在你们自己的手中。"用故事的方式让听众自己去感悟比直截了当地告诉听众这个道理，其说服力要强很多。

3. 以名言结尾

以名言结尾和以名言开场一样具有相同的效果。用铿锵有力的名言结尾，把演讲者对演讲主题的思索或结论浓缩在一两句格言中，既有力地结了尾，又使听众受到深刻的启迪和教育。

帕特里克·亨利是美国独立战争时期著名的政治家。1775年3月23日，亨利在弗吉尼亚州议会上发表了被誉为"美国独立战争的导火索"的演讲，演讲的最后部分以震撼人心的气势和斩钉截铁的言辞表达了一个伟大爱国者的浩然正气。

回避现实是毫无用处的。先生们会高喊：和平！和平！！但和平安在？实际上，战争已经开始，从北方刮来的大风都会将武器的铿锵回响送进我们的耳膜。我们的同胞已经身在疆场了，我们为什么还要站在这袖手旁观呢？先生们希望的是什么？想要达到什么目的？生命就那么可贵？和平就那么甜美？甚至不惜以戴锁链、受奴役的代价来换取吗？全能的上帝啊，阻止这一切吧！在这场斗争中，我不知道别人会如何行事，至于我，不自由，毋宁死！

4. 以诗词、对联结尾

对联是一种对仗、押韵的对偶句，朗朗上口，它是我国传统文化的结晶。用在演讲的结尾可以使演讲锦上添花，令人回味无穷。诗词含义深远、韵味无穷，有些诗词还气势磅礴、气吞山河，在演讲的结尾用诗词也会增强演讲的感染力。

例如，2005年，易书波在北京工商大学面对参加领导力培训班的局长、处长作演讲时，强调在政府部门工作，处理好同事关系、上下级关系是非常重要的。演讲结束时，他用一副对联来总括：上联是："心太好，事业成，不成也成"，下联是"心太坏，事业败，不败也败"，横批是"心态决定成败"。

一个学者回母校作演讲最后的结尾是徐志摩的《再别康桥》："轻轻地我走了，正如我轻轻地来……"以此表达自己对母校的爱。

5. 以幽默的方式结尾

乔治可汗说："当你说再见时，要使他们脸上带着笑容。"在演讲结尾时以幽默的方式让听众轻松愉快同样会给他们留下很深的印象。

幽默是人际交往的润滑剂，用在演讲的开头能迅速拉近与听众的距离，用在演讲结尾则风味独特。

美国哲学家桑塔亚那选定春天的某一天结束他在哈佛大学的教授生涯。在哈佛大学礼堂讲最后一课的时候，一只美丽的知更鸟停在窗台上，不停地欢叫着，这时正好他的演讲也要结束了。桑塔亚那出神地打量那只小鸟，许久，才转向听众，这样宣告他的演讲结束："对不起，诸位，失陪了，我与春天有个约会。"

这样的抒情性幽默，出自一个行将退休的教授之口，显得格外亲切自然。

结尾的方式很多，有的用反语形式作结尾，如同向听众敲了警钟，还有用故事、寓言、诗词、格言、警句等作结尾。用得好，既可以充实、丰富演讲内容，又可造成形式的灵活多样。总之，根据演讲内容的需要，自然而恰当地设计好的结尾方式，会使演讲锦上添花，给听众留下深刻的印象。

训练设计

（1）以"爱的奉献"为话题设计一个开头和结尾，然后小组讨论取长补短，填入表 3-2。

表 3-2　演讲稿开头与结尾设计表格

项目	设计内容	小组讨论意见
开头		
结尾		

（2）以环境保护为话题设计一篇演讲稿，要求主题鲜明，观点明确，思路清晰。

（3）找一篇演讲辞名篇阅读并体会主题、开头、结尾的妙处。

第 4 章
求职面试口才训练

> 训练目标

通过训练，学生熟悉求职面试的流程和基本规则，认识到准备工作的重要性，具备较强的交际能力，掌握求职面试的各项礼仪，熟悉求职面试的技巧；培养思虑周全、做事细心、谦虚谨慎、坚忍不拔、从容镇定等良好素质；在求职面试中，能够发挥较好的口才，同对方进行有效沟通，达到成功推销自己的目的。

> 一个不注意小事情的人，永远不会成就大事业。
> ——戴尔·卡耐基

求职应聘实际上是一种自我推销的过程。戴尔·卡耐基曾说过："推销自己是一种才华，一种艺术。有了这种才华，你就不愁吃、不愁穿了，因为当你学会推销自己，你几乎也可以推销任何值得拥有的东西。"求职者想要成功地把自己推销出去，除了具备相应的学历、工作经历等，很关键的一点就是能否和招聘方进行有效的沟通。从某种程度上说，交际能力和口才决定着求职面试的成败。

4.1 求职面试的准备

常言道："不打无准备之仗。"求职面试犹如领兵上阵，盲目出击、麻痹大意必然招致失败，只有精心准备、知己知彼方能取得胜利。因此，对求职者来说，准备工作就显得尤为重要。

4.1.1 心理准备

1. 知己

歌德说:"在我平生每一个发展阶段或时期,我的最高理想从来不超过我当时的力所能及。"由此可见,在求职之前,对自己有一个客观正确的认识,知道自己的兴趣、个性、能力、追求等,就能对自己的未来作出更好的设计。

1) 了解自己

了解自己,可以通过自省,也可以通过家人、师长、朋友、同学的描述,将这些内容罗列出来。

- 个人的兴趣、爱好、特长。
- 个人的优点和缺点。
- 个人最喜欢做的事和最不喜欢做的事。
- 专业成绩情况。
- 历年来获奖或取得成就的情况。
- 应用了什么技能才获得这些成绩。
- 参加过哪些社会活动并取得什么样的成绩。
- 最喜欢的社会活动。
- 人际交往的情况。
- 没做成的事情及原因。

2) 重塑自己

在了解自己的基础上,如何扬长避短、重塑自我,使自己在竞争中处于更有利的位置,这就要求求职者在求职面试之前,对招聘单位最欢迎什么样的人有一个初步的了解。

应届毕业生求职网上的一篇文章值得大家参考:什么样的应届毕业生最受欢迎呢?公司最看重应届毕业生的哪一项能力?一起了解以下这6项老板最看重的能力吧,看看你有没有!

第一项:沟通能力

学会沟通是适应职场的基础条件,所以所有公司都非常看重应届毕业生的沟通能力。沟通能力好的人能够很好地跟人打交道,也能够听懂上级安排的任务,这样也是有利于工作进展的。如果一个人连最起码的跟人沟通都不会,那么他一定很难找到合适的工作。

第二项:学习能力

刚刚毕业的应届毕业生需要具备很强的学习能力,因为刚刚踏入职场需要学习的东西很多。学习能力不强的人是很难在职场上立足的,因为他们不符合职场的需求。所以，职场人需要有孜孜不倦的学习精神，能做到快速学习并且将所学知识应用到工作当中去。这样的人今后才能有更大的发展空间。

第三项：适应能力

适应能力越强的应届毕业生就越吃香，因为他们能够迅速融入一个新的环境，也能够很快跟同事建立关系。对于工作上的一些调动也能够很好地适应。

第四项：专业能力

应届毕业生的专业能力其实是获得职位的核心竞争力。只有自己有过硬的专业能力，才能够符合岗位的要求。公司招人来干活的，如果你什么也不会做，当然不能被录用。

第五项：创新能力

当今社会的竞争，与其说是人才的竞争，不如说是人的创造力的竞争。具有创新能力的人的思维模式一般都会异于常人，他们能够利用现有的知识和条件在特定环境下创造出新的事物。具备创新能力的人才走到哪里都不会被拒绝。

第六项：团队合作能力

在职场上每个人都需要跟大家一起共事、一起合作。团队成员之间需要只有相互合作，才能够达到利益最大化。所以，有团队合作精神的人一般都会被看好。

以上6种能力是企业普遍较重视的，也反映了用人单位对所需人才的要求。因此，求职者有必要在求职准备阶段，对照上述各点完善和提升自己的各项素质。

2. 知彼

如果一名求职者没有花足够的时间进行准备，对他所求的那份工作及用人单位缺乏必要的了解，那么，无论他掌握多少面试技巧，成功的可能性都不会太高。因此，在求职前，还需要对就业形势、相关的用人单位、所求工作的性质和内容，以及求职面试的程序进行充分了解，这样才能做到化被动为主动，有的放矢，避免盲目性。

1）了解就业形势

求职者在求职前有必要了解本地区就业的情况及职业市场的发展趋势，通过报纸、广播、电视等各类媒体提供的招聘启事，及时掌握哪些行业的发展面比较大，哪些职位的升迁机会比较多，哪些招聘对自己比较有利，同时还要进一步对各个行业进行深入的了解和比较。

2）了解用人单位

求职者有必要对用人单位进行深入的了解和研究，不仅要掌握基本的资料，如地理位置、成立的时间和背景、行业地位、目前的规模和资产、未来的发展趋势、近几年的成长情况、文化特征（经营理念、企业精神、企业特色、形象识别等）等，还能知道一些准确和深入的资料，如工作环境、单位负责人的情况、薪酬分配情况、员工的满意度、报酬福利等。因为在面试中，求职者经常会被问到"你为什么要到这里来"之类的问题，用人单位会通过这些问题来考查求职者的工作热情、工作态度和工作效率。

搜集这些资料的途径很多。求职者可以收集报纸、杂志中的招聘广告，也可以留意各类媒体对各家单位的新闻报道，还可以通过网络进行深度了解，更可以托亲朋好友从侧面打听。总之，求职者要做一个有心人，力求多方位、全角度地去了解用人单位。

3）了解工作性质和内容

并不是所有人都能求得一份称心如意的工作。许多人在辛苦求职之后会发现，所从事的工作同自己原先的设想之间存在较大的落差。于是大多数人会逐渐失去热情和兴趣，有的决定重新择业，有的则出于种种保守考虑"将就"了事，每天混日子过。为避免此种情况，每一位求职者很有必要在事前对所求职的工作进行一番了解。具体应了解以下相关内容。

- 是不是你喜欢的或期盼已久的工作。
- 所担任工作的具体性质是什么。
- 工作中要承担什么样的责任。
- 工作是否有挑战性。
- 上级是否开明，能否接纳不同意见并允许发挥创造性。
- 是否可以参与决策。
- 同事所具备的学历和素质，与同事之间的竞争是否激烈，如何激烈。
- 所任工作是否需要接触其他部门、其他行业。
- 是否要做其他不相干如杂务或超出本职职责的工作。
- 是否有进修机会。
- 是否要经常加班。

4）了解面试程序和可能遇到的问题

求职者有必要事先了解面试程序，以及在面试中可能遇到的问题。求职者可以向已有过面试经验的同学、朋友进行咨询，必要的话还可以进行模拟演练。

3. 面试前应保持的心理状态

小张是某大学中文系的学生，在报纸上看到有一家民办高中在招聘语文老师，决定去试一试。因为是科班出身，简历筛选时，小张轻松过关，一点也没觉得竞争激烈。等到面试时，小张才发现竞争对手竟然有10人。对手们穿着正式，女孩子几乎全化着淡妆；相比之下，没有刻意打扮的小张显得很"土"，她觉得自己像"异端"，浑身不自在。

因为自卑和紧张，面试及试讲时，小张表现很差。最后，公布的入选名单上没有她的名字。

晚上，她和同学讲起面试的情形，同学的话给了她很大鼓励："你是因为心理素质不好，才会出现今天这种情形。其实，你应该相信自己的能力。实习时，你不是还被评为优秀实习生吗？"当晚，小张打电话请教自己的导师，帮自己找出不足，定出应对之策，之后才安心睡去。

第二天早上，小张接到该高中人事部部长的电话，请她去高中进行第二次试讲。原来，面试时，校长对小张朴素的穿着很有好感，觉得那样才符合教师的作风，坚持要求再给她一次机会。

这一次，小张心里有了底，加上一晚上的学习改进，她表现得很好，讲课生动活泼，学生们都听得很入迷。不久，她就收到了该高中的录用通知。

现实中不乏这样的例子：有的求职者本身颇具实力，但在面试中却表现不佳；而有的求职者平时能力平平，但在众多的竞争者中却能最终胜出。这其中的原因主要是求职者是否具备了良好的心理素质。良好的心理素质能够帮助求职者在激烈的竞争中保持稳定的心态和冷静的思维，处变不惊，发挥出最好的水平。因此，在面试前，求职者应保持冷静，有充分的自信心和强烈的竞争意识，同时还要保持一颗平常心，正确看待输赢。

1）有充分的自信心

自信是实力的表现。有信心才会有热情和勇气，才会拿出百倍的精神去面对困难，克服困难。每一个求职者都应该是自信的，因为无论他们是即将毕业的大学生，还是有过一定工作经历的人，都具备了相应的知识和能力，再加上充分的面试准备，完全有理由相信自己能在面试中有良好的表现。

2）有冷静的头脑

面试的时候，求职者会被要求回答各种各样的问题，因此，冷静的头脑、清晰的思路显得尤为重要。

3）有竞争意识

求职者要有主动竞争的意识，当然，前提是在良性竞争的基础上。这些年来，就业难的问题日益突出，"僧多粥少"的现实情况不容许坐等机会的人。求职者要有竞争意识，主动出击，以积极的心态去争取机会。

4）怀一颗平常心

一份工作，往往招聘的岗位有限，但来应聘面试的人却不少，能够被录取的可能性常常是几分之一，甚至是几十分之几、百分之几。在这种情况下，求职者一定要保持一颗平常心，正确对待得失，要看到"这棵树"以外还有"一大片森林"。

4.1.2 简历和资料的准备

1. 制作简历

求职者往往是通过向用人单位投递简历来获得面试资格的。千万不能小看了简历的制作，因为用人单位通常能够通过简历初步了解求职者的一些品质，如是否细心，是否有清晰的思路，是否有一定的创新思维，是否有扎实的文字功底等。如何让自己的简历在成百上千份简历中脱颖而出，是每个求职者都应该思考的问题。求职者制作简历，应该做到以下几点。

1）实事求是，突出诚信品质

在制作简历时，有不少求职者为了获得用人单位的好感而过度"包装"，甚至弄虚作假。殊不知，真的假不了，假的真不了。在接下来的面试中，有些虚假是会被当场拆穿的，一旦露了假，即便你其他方面真的很不错，面试官也会因你的诚信问题而向你亮起红灯。而即便让你蒙混过了关，在日后的工作中也会露出马脚，无异于搬起石头砸自己的脚。做人不诚信，最终吃亏的恐怕还是自己。

简历有何礼仪要求

称呼要得体

一般而言，接收你简历的人应该是单位里有实权录用你的人，因此要特别注意此人的姓名和职务，书写要准确，万万马虎不得。因为他们第一眼从信件中接触到的就是称呼，最初的印象如何，对这份求职信件的最终效果有着直接影响，因而要慎重为之。因为求职信是首次交往，未必对用人单位有关人员的姓名熟悉，所以在求职信件中可以直接称呼职务头衔等，如"某公司负责人""某公司经理""某厂长"……记住你的目的在于求职，带有"私"事公办的意味。因此，在称呼上一定要求严肃、谨慎，不可过分亲近，以免给人以"套近乎"或阿谀、唐突之嫌。

问候要真诚

问候是一种必不可少的礼仪，但是必须要让对方在你的问候中感到真诚。问候语可长可短，即使短到"您好"两字，也体现出写信人的一片真诚，而不是应景文章。

内容要清楚、准确

正文是书信的主体，也就是你写这封信的目的。正文从信笺的第二行开始写，前面空两格。书信的内容尽管各不相同，写法也多种多样，但都要以内容清楚、叙事准确、文笔通畅、字迹工整为原则。此外，还要谦恭有礼，即根据收信人的特点、写信人与收信人的特定关系进行措辞。

祝颂要热诚

正文后的问候祝颂语只有几个字，但它却表示出写信人对收信人的祝愿、钦佩，有不可忽视的礼仪作用。祝颂语可以套用约定俗成的方式，如"此致""敬礼""祝您健康"之类，也可以另辟蹊径，即景生情，以更能表示出对收信人的良好祝愿。给用人单位领导写信，可写"求职者"或"您未来的部下"。在名字的下方，还要选用适当的礼告敬辞。

2）细致周到，亮出个性特长

细致体现在以下三个方面。

（1）亮出优点。要亮出人无我有的优点，也要亮出众人虽有却熟视无睹的优点。例如，有一份简历提到"在校期间从未丢过钱包、钥匙等物件"，也许会有人觉得在简历中写了这一条有点小题大做，甚至可笑，但恰巧是这一点体现了简历主人的优点：生活上的谨慎、细心、精明，以及在设计简历时的用心、细致、别出心裁。如果是去应聘文秘、助理等岗位，相信这一点会让这份简历增色不少。

（2）不死守一份简历。不少人只做一份简历，然后复印无数份分发出去，期待广种薄收。这样的简历往往普遍适用，但缺乏特色，发出去后有回音的是少之又少。要知道即便是一样的工作，不同的用人单位有不同的要求，因此求职者一定要花时间去了解各家用人单位，进行分析和比较，然后根据情况设计制作简历。如果你是一个多面手，可以尝试不同职业，更要多准备几份不同的简历，做到有的放矢。

（3）写全联系方式。总有不少人费尽心思做完简历之后却忘记写上或写错自己的联系方式，从而使自己坐失良机。

3）定位准确，显出缜密思路

一份合格的求职简历应该目标明确，其所有内容必须有利于获得所求的职位。因此，求职者首先要有自己的求职方向，结合自己的专业、特长、兴趣等选择目标企业及职位，然后针对所求的职位需求进行简历设计，突出自己适合于这份职业的特长和优势。

4）文从字顺，秀出基本功底

简历也能在一定程度上反映出求职者的文字功底。一份简历中，如果错别字、病句比比皆是，不仅会让人认为该求职者文化素质低，还会给人以行事敷衍的印象。别说是录取了，恐怕连面试的机会都不会给。所以，求职者在写简历的时候，要做到字斟句酌、反复推敲，避免出现错字、别字和病句等"硬伤"，以给用人单位留下好的印象。

5）新颖醒目，透出睿智慧心

要想让你的简历在众多简历中"跳"出来，就要在设计上下功夫，力求新颖醒目。这可以从以下两个方面入手。

（1）形式。形式上要讲求美观醒目。但美观醒目并不等同于豪华。要知道，过度的包装反而会给用人单位留下肤浅、舍本逐末的印象。

（2）内容。内容上要突出重点，便于阅读。可适当运用各种字体进行编辑，避免密密麻麻的大段文字。如果钢笔字写得不错的话，也可考虑手写。

另外，如果有必要，再备上一份英文简历，效果会更好。近几年，简历的设计越来越推陈出新，求职者在纸质简历的基础上配合录音、录像、动画等技术，不仅在形式上突破了以往白纸黑字的局限，让死板的简历变得活泼起来，在内容上也更丰满可感。

2. 面试时应携带的物品

面试时还需要带以下资料和物件。

（1）身份证。

（2）一寸和两寸的照片若干张。

（3）简历的复印件。

（4）学历证书、学位证书、所获奖励或荣誉的证书原件和复印件。

（5）推荐信。

（6）招聘广告、用人单位的相关资料。

（7）发表过的文章、写过的报告及计划书等，尤其是与申请的职位有直接关系的。

（8）一本小笔记本和两支钢笔（水笔）。

以上资料的携带视个人情况而定，但是无论带多少，都要注意以下几点。

（1）要尽可能地熟悉所有的资料，在被提问时最好能够脱稿发言。要知道，你的充分准备不仅能让面试官感受到你对这次面试的重视，还能让他们认定你是一个做事周到有条理的人。

（2）将资料做好标记，并按顺序整齐放置于公文包或纸袋内，以便寻找。在面试过程中，如果在一堆杂乱的资料中费时费力寻找一份小小的文件，即便你找到了，也已给面试官留下不好的印象。

（3）所有的资料和物件要提前准备好。如果第二天要面试，头天晚上就要准备妥当。

（4）可以事先罗列出你的问题，以备有机会时提出。

4.1.3 服饰和仪表准备

在IBM面试中，最先被拒绝的人可能就是那些穿着及言谈举止不合时宜的人，如穿拖鞋、牛仔裤的，说话带脏字或颠三倒四、意识显得不着边际的人。

有句话说，"五成装扮，五成工作。"其意思是：能适当装扮自己的人，等于已经做好了一半的工作。

求职面试时，给人留下第一印象的往往是仪表服饰。第一次见面要力争给人以整洁、美观、大方、明快之感。面试官能够通过应聘者的仪表服饰联想到其将来工作时的精神状态。着装得体、仪容整洁会给人以大方、精干的好印象；相反，不修边幅、蓬头垢面则会给人以懒散、不求上进的感觉。

由于招聘单位的不同，对仪表服饰的要求也会有所不同。国家机关要整洁、端庄；涉外单位要漂亮、明快；工厂、企业要朴素大方。总结起来，服饰的基本要求是：整洁、大方、合身、得体，符合季节特点，符合年龄和个性气质，适合应聘职业的要求。仪表的基本要求是：干净、整洁。

1. 女士的服饰和仪表要求

1）女士面试时的服饰要求

（1）着装以套装为宜。其中，裙装比裤装更能展现女性的特质。裙子以 A 字裙或一步裙为佳，忌百褶裙。裙子的长度以到膝盖为宜。上装要符合季节特点，春秋季节可以长袖衬衫配外套，夏季可着短袖衬衫。套装的颜色要符合自身的年龄、性格和气质，文静内向或年龄稍大的女士可选择素色套装，活泼外向的女生可选择较鲜艳的颜色。

（2）搭配。配深色皮鞋，穿凉鞋时注意不要穿露趾凉鞋，鞋跟不宜过高，皮鞋要擦亮；穿裙装时配肉色长筒丝袜，不宜配黑色或网状丝袜，临行前检查丝袜是否有脱丝现象；最好不戴饰物，要戴的话不要超过一件，款式要简单小巧，质地做工要好，不宜叮当作响，最好不戴戒指；手袋要配合套装的款式和颜色，不要背运动型背包或挎包，也不宜用色彩、装饰太夸张的包。

注意：女士的套装质量要好，但不要太时髦。另外，服饰既不能太随便，也不能太标新立异，更不能过于暴露。尤其在夏天，女士不宜穿太短的裙子、低胸上衣、紧身衣裤、质地过于轻薄透明的裙装，更不宜穿吊带、热裤参加面试。要记住，面试主要是为了争取面试官的好感，一般用人单位的面试官（除了一些特别的职业，如娱乐界、广告界等）往往年纪较大，工作年龄较长，有丰富的阅历，比较认同传统的标准。因此，女士在面试时要尽量考虑到面试官的审美标准，穿着传统一点、朴素一点可能反而会让面试官产生好感。

2）女士面试时的仪表要求

（1）头发整洁、干净，发型朴素、自然，同脸型、气质相配。比较理想的发型是清爽干练的短发和整齐的披肩长发。奇异的发型和色彩会引起面试官的反感。

（2）脸部清爽，可化淡妆，切忌浓妆艳抹。

（3）双手干净，指甲修剪整齐，指缝无污物，不宜涂抹指甲油。

（4）不要涂抹浓烈的香水。

注意：女士在仪表上要以干净、清爽为宜。既不能不讲究也不宜过分打扮，太不讲究容易给面试官留下不讲卫生、不注意形象、没有责任心的印象，但打扮太新潮又会让面试官心生反感。

2. 男士的服饰和仪表要求

1）男士面试时的服饰要求

（1）着装以西装为宜。西装衣裤要成套，颜色应以深色为主，如灰色或深蓝色。衬衣最好是白色或浅色，千万别穿已经洗得发白、衣领和袖口有磨破痕迹的衬衫；也不要穿崭新的从没洗过的衬衫，容易给人留下刻意打扮的印象。无论是西装还是衬衣，一定要熨烫平整，不能皱巴巴的。西装袖口上的商标一定要去掉。

（2）搭配。领带要与西装颜色相称，以真丝的为好，必须干净、平整、挺括，上面不能有油腻和其他痕迹；皮带款式要大方，以黑色为佳；皮鞋尽量不选给人攻击性感觉的尖头款式，方头系带的为佳，颜色以黑色和棕色为好，擦亮，切忌穿西裤时配旅游鞋；袜子的颜色要同衣服颜色相协调，选择深灰色、黑色、蓝色，切忌白色，长度以袜口抵达小腿为宜；如果戴眼镜，不要戴太阳镜或变色眼镜；手表应在支付能力范围内选择高质量的并和衣服相配的名牌，千万不要戴卡通类的手表；公文包的款式要同西装相配，简洁大方，不要太旧太破或有飞边、油污等，里面装的东西也不要太多，避免给人以圆滚滚的感觉。如果没有公文包，资料袋、文件袋也行，但不能破旧。

注意：男士的服饰要整洁，衬衫和西装的领口处千万不要有油腻和污渍；衣服要熨烫平整，最好不要穿崭新的西装，新西装会让自己不自在，加重紧张心理；也不要穿太过时、太老旧的西装；身上不要有佩饰，易给人女性化的感觉；也不要在衣袋、裤袋中鼓鼓囊囊地塞满手机、零钱、钥匙、票夹等。

初入职场的大学生，不必穿新装，七八成新的服装更为妥帖；服装的档次应符合学生的身份，切莫乱花钱买高档西装。如果用人单位看到求职的大学生穿着过于讲究，恐怕会降低对其的好感度。

此外，服装的选择还要根据季节和地域来灵活掌握，不一定刻意穿西装，只要干净整齐、庄重大方、精明干练，显现出职业人的风度就好。

2）男士面试时的仪表要求

（1）头发干净、整洁，发型朴素、自然。不要留长发、染发或光头，以免给人留下"娘娘腔"的印象和标新立异的感觉。最好在面试的几天前理发，尽量避免在面试前一天修剪，以免不自然。但一定要在面试前一天洗净头发，避免头皮屑留在头发或衣服上。

（2）脸部、颈部清洗干净，胡须刮干净，不宜化妆（男士切记）。

（3）双手干净，指甲修剪整齐，指缝没有污物，也不要有烟熏的黄渍。

（4）不要带有酒味和烟味，也不要有香水味。

注意：男士在仪表上不要过于讲究，过度打扮会减弱阳刚的气质，给人以中性化或"娘娘腔"之感；但也不能过于随意，蓬头垢面、不修边幅会给人留下不求上进、不善于管理自己的印象。

4.1.4 面试前的心理调适

要获得良好稳定的心理素质，不仅要注重平时的锻炼，还要注意在做重要事情之前做好充分的心理准备和心理调试。

1. 充足睡眠

良好的睡眠可以使人的记忆、思维、反应能力等保持在最佳状态。但是，很多人在面试前都睡不好觉。除了紧张、焦虑因素之外，还同个人过分看重睡眠有关。一般的求职者都怕睡不好影响面试发挥，但越怕就越睡不着，越睡不着就越担心，结果形成恶性循环，严重影响睡眠。因此，求职者首先要放松心态，其次要将"这一晚"和平时任何一晚一视同仁，不要提前入睡，也不要恶补面试资料；睡前可散散步、做做操，临睡前可喝杯牛奶，上床后可通过数数或数羊等来加速入睡。

2. 合理饮食

面试前不宜空腹，也不宜过饱，还要注意饮食卫生。饮食搭配上除了常见的鱼、肉等高蛋白食品，还要吃一些蔬菜、水果等。饮食专家认为，粗粮和水果有助于产生和保持乐观情绪。

3. 积极暗示

面试前，要积极自我暗示："我的准备工作做得很充分，我一定行！""我很适合这份工作，我的优势很明显！"同时可以配合深呼吸来放松紧张情绪。

4. 留出充裕的时间

面试前要留出充裕的时间，以用来赶路、熟悉环境、整理着装、调整心态等。面试时迟到或匆忙赶到，其后果是致命的。任何一家单位都不会喜欢迟到的员工。面试迟到会让用人单位认为你主观上不重视这家单位，或者认为你缺乏自我管理和约束能力，在安排时间、处理事情上缺乏条理性。

训练设计

（1）假定某单位是你想求职的单位，请对其做一份详细调查。

（2）据你所学专业，制作一份简历。

_____
_____
_____
_____
_____
_____
_____
_____
_____
_____
_____
_____

（3）穿上你认为最适合面试的着装，请你的老师和同学为你的服装和仪表进行打分和评判。

4.2　面试礼仪

礼仪能够体现出一个人的素质。这也是用人单位对求职者的考核内容之一。但许多人都有一个认识误区，以为面试礼仪是指在面试官面前该保持的礼貌和修养。实际上，许多用人单位从求职者一跨入面试场地或还未进入面试场地，就已经开始观察他们，给他们打分，甚至有些人还没见到面试官就已经被判为不合格。

因此，求职者要提高警惕，务必从严要求，将靠近"考场"的那一刻当作面试的开始，一言一行都要大方慎重，切莫大声喧哗、嬉笑吵闹、东张西望、行色匆忙，也不宜手插口袋、背手、袖手、靠墙、倚门，更不要对"考场"人员和设施指手画脚、议论纷纷。

4.2.1　面试前的礼仪

1. 提前到达

面试时一定要提前赶到面试地点，一般提前 10～15 分钟为宜（提前半个小时以上也被视为没有时间观念）。最好在面试前能够去一趟洗手间，再梳理一下头发，整理一下着装，擦拭一下皮鞋，对着镜子，给自己一个肯定、自信的微笑，然后轻松上阵。

美国福特公司名扬天下，不仅使美国汽车产业在世界占据鳌头，而且改变了整个美国的国民经济状况。可谁又能想到该奇迹的创造者福特，当初进入公司的"敲门砖"竟是"捡废纸"这个简单的动作？

福特刚从大学毕业，他到一家汽车公司应聘。一同应聘的几个人学历都比他高，在其他人面试时，福特感到没有希望了。当他敲门走进董事长办公室时，发现门口地上有一张纸，他很自然地弯腰把它捡了起来。福特看了看，原来是一张废纸，就顺手把它扔进了垃圾篓。董事长对这一切都看在眼里。福特刚说了一句话："我是来应聘的福特。"董事长就发出了邀请："很好，很好，福特先生，你已经被我们录用了。"这个让福特感到惊异的决定，实际上源于他那个不经意的动作。从此以后，福特开始了他的辉煌之路，直到把公司改名，让福特汽车闻名全世界。

2. 等候期间的注意事项

进入面试单位，若有前台，则开门见山说明来意，经指引到指定区域等候；若无前台，则找工作人员求助。记住，在询问或与他人交谈时，要使用"你好""请问""谢谢"等礼貌用语。

等候期间保持安静和正确的坐姿，不要来回走动，也不要和其他求职者聊天。

最好在进入面试单位之前就关闭手机或把手机设置为静音。在等待面试期间，不宜大声接听电话或忙碌于发短信、玩手机游戏。

在等待期间，不宜抽烟和嚼口香糖（为保持口气清新，可于面试前半个小时含一枚口香糖）。

3. 轻敲门、慢关门（除非有专人引导）

如果没人通知，即使前面一个人已经面试结束了，你也应该在门外耐心等候，不要擅自进入面试房间。听到喊自己名字时，回答"是"或"到"，声音要清脆响亮。进入面试房间前要敲门，一般以两三下为宜。如果门是关着的，要以里面听得见的力度敲门，待听到"请进"后要回答"打扰了"，方可开门进去；如果门是开着的，也要先轻轻地敲两三下门，在获得同意之后再进入房间。

进入房间后，要转过身去正对着门，用手轻轻将门关上。

4. 学会等待、适时问好

关上门后，回过身将上半身前倾30°左右，向面试官鞠躬行礼，面带微笑称呼一声"老师好"，然后报上自己的名字。如果事先从接待人员那里知道了面试官的姓名和职务，可在问好时礼貌称呼，有助于拉近求职者和面试官的距离。但如果不知道，千万不要乱称呼。

如果进门时面试官正埋头整理或填写资料，不要贸然和面试官打招呼，以免打乱他的思路。有时候，面试官会主动要求你先等一会儿。这个时候，你要表现出理解和合作，在一旁静静等待；千万不要东张西望，尤其不要对面试官手头的资料探头探脑。

5. 握手

握手是一种重要的礼仪。怎样握手和握多长时间，这些都非常关键。

一个人握手的方式，可以反映出他的个性。

（1）用力紧握对方的手，令对方感到疼痛。这样的人精力充沛，自信心极强，但也有虚张声势的一面。

（2）动作稳健，力度适中，且一边握手一边双眼注视着对方。这样的人听取别人讲话十分认真，一旦作出决定，就难以被他人说服更改。

（3）象征性地轻轻一触。这样的人表面冷漠，实则可能是个极随和的人。

（4）双手紧握对方的手。这样握手的人心地善良，待人热忱。

（5）紧握对方的手不放。这样的人性格外向，喜交朋友。

（6）握手时抓住对方的手不断上下摇动。这样的人热忱、乐观，一般不愿怀疑别人。

面试官往往能够通过握手来感知你是否专业、自信，了解你大概的性格。而对于求职者来说，也同样可以通过握手来判断面试官的性格，从而更好地把握接下来的面试问答。

尽管有多种握手的方式，但是求职者在面试时的握手，要力求专业，要传递给面试官自信、大方的感觉。因此，求职者要做到以下三点。

（1）一般要等待面试官的手朝你伸过来，然后握住它。因为按照握手礼仪，先主动伸出手的应是主人、长辈。

（2）握手时双眼要直视对方，面带微笑，同时保证你的整个手臂呈 L 形（90°），有力地摇两下（不要太使劲摇晃），随后把手自然放下。

（3）握手时要确保手心是干燥、温暖的。一只湿乎乎、冷冰冰的手不仅会引起对方的反感，还会让对方觉察到你过度紧张的情绪。另外，最好不要用两只手去跟面试官握手，这是一种不专业的方式。

4.2.2 面试中的礼仪

1. 坐姿

在面试官没有招呼你坐下之前，绝对不可以擅自坐下。等听到"请坐"时，要回答"谢谢"，方可坐下。入座后，不要坐满整个椅子，这样会显得太放松随意、漫不经心；也不要只坐椅子的边，这样显得你紧张拘谨、如坐针毡。最佳的方式是坐满椅子的三分之二，上身自然挺直，略向前倾，双膝并拢，双手自然置于其上；切忌抖腿、跷二郎腿。如果需要挪动椅子，一定要把椅子抬起来，轻拿轻放；千万不要拖动椅子，致使发出噪声。

2. 举止

面试时，要注意你的举手投足。入座后，想象有一个和肩膀同宽的盒子放在自己的下巴和腰之间，将所有的手部动作都控制在这个范围内。不能将手臂交叉于胸前，不可挤响手指关节，不可拍手掌、玩手指，不能有挠头、摸耳、转笔、搓衣角、抖腿、看手表等小动作。女士更不能在说话时掩口，这会让面试官认为你的回答另有隐情。对于求职者来说，这些动作多是无意识的，但会给面试官留下不好的印象。

3. 眼神

眼神可以传达一个人的自信，也可以表达出对对方的尊重。

在面试中，要重视眼神的运用。

（1）视线的方向。要正视对方。表达对对方的尊重，并不是直勾勾地盯着对方，而应把目光集中在对方眼睛和鼻子之间的三角形位置上移动，这样会让对方既感觉到被重视又不会觉得你无礼。如果有其他面试官在场，说话的时候眼神也要照顾到他们，以示尊重。

（2）注视的时间。在留意倾听问题或回答时，可将坚定的、自信的目光停留在问话人脸上5～7秒。要避免长时间凝视，否则易给人无礼或痴傻之感；也不要躲闪或回避面试官的眼神，以给人不自信的印象；也不要左顾右盼、东张西望，显得对所谈问题缺乏兴趣；更不要瞪视、斜视或眯着眼睛看面试官，这都是不礼貌的。

4. 微笑

微笑是最美的语言。面试中保持自然的微笑，不仅能够消除紧张、展现你的自信、提升你的外部形象，还会增进沟通，拉近你和面试官的距离。

5. 聆听

要想给面试官留下好的印象，一定要表现出认真聆听的样子，并适时以"是""对""我想是的"等作为回应。聆听是一种礼貌的表现，会让对方感觉到你对他的尊重和对谈话内容的重视。随意打断别人的说话或抢着发言会令面试官觉得你不尊重他，从而对你留下无礼、急躁、轻浮，甚至缺乏教养的坏印象。而对求职者来说，没有听完面试官的话或没听清楚就回答，容易答偏、答错。

6. 谈吐

面试应答时要表现得从容镇定，不慌不忙，温文尔雅，有问必答。问而不语、毫无反应是很失礼的。虽然有时在应答中难免会碰到一时答不出的问题，但切忌一言不发,可以用几句话先缓冲一下:"这个问题我过去从没有认真思考过。从刚才的情况看,我认为……"这时脑子里就要迅速归纳出几条"我想",要是还拢不出答案,就先说你所能知道了解的,然后坦率承认有的东西你还没有认真考虑;切勿信口开河、夸夸其谈,文不对题、话不及义,给人以一种无内涵的感觉。面试官考你的并不一定只是问题的本身,如果你能从容地谈出自己的想法,虽然欠完整,也不成熟,但不致对全局产生恶劣影响。

求职者除了回答面试官的提问,有时为了及时了解有关情况,还应学会适时提问或询问。时间一般在面试基本结束时,问题要提得委婉得体,不唐突、不莽撞,不要引起面试官的反感。有时,面试官也会主动提出:"你有什么问题想问吗?"当遇到这种情况时,最不好的回答是:"我没有问题了。"应该抓住时机,弄清自己还未弄清的问题,如"您能否介绍一下这个职位的工作范围?""能否请您谈谈公司未来几年有什么发展计划?"等这类问题,显示出你对新工作的重视与关心。提问时切记:不要问一些太注重个人利益的问题,如"请问一星期休息多少天?""是否有出国深造的机会?""能解决住房吗?""能否让我攻读硕士?"等。提问也有一个技术、技巧的问题。提得好,会增加对方对你的好感;提得不好,会让对方觉得你太幼稚可笑,不但不能增加好感,有时甚至会产生反感。

4.2.3 面试结束时的礼仪

1. 察言观色,掌握面试收尾时间的"火候"

谁也没有给面试规定时间,但是应聘者心中必须牢记:面试是有限定的谈话,不可久留。

有些求职者为了最大限度地展示自己的优点,往往会在有限的时间内作口若悬河的演说,超出面试规定时间而不自知。而这会令面试官非常疲惫,因而不断做出看手表、变换姿势等动作。虽然面试的各个进程由面试官控制,但面试的每个阶段各有内容上的侧重,面试官的行为也会有一些微妙的变化,求职者要善于察言观色,领会面试官的无声语言,判断面试的进程,适时提出收尾,或者留出时机让面试官从容收尾。

实践证明,成功的面试应有适当的节制,时间长了只有对应聘者不利,而对面试官毫无损害。适时告辞,留下一段美好的回忆让面试官品味,比拖延时间的疲劳战术要高明得多。

2. 面试结束要有礼貌

面试官示意面试结束时,应微笑、起立、握手道别,说:"非常感谢给我的这次面试机会,我就静候佳音了。""非常感谢,如果有幸进入贵单位服务,我必定全力以赴。"诸如此类的感谢话。并拿好自己的随身物品,走到门旁先打开门,转过身来有礼貌地鞠躬行礼，再次表示感谢和道别后，转身轻轻退出房间，再轻轻将门关上。如有人送，请对方"留步"。

3. 离开"考场"不忘风度

走出面试房间后，在走廊及其他用人单位以内空间，仍要保持安静、礼貌。切莫和他人讲述面试过程，也不能马上打电话。不要兴高采烈地大声高叫，也不能无精打采地离去。遇到工作人员或接待人员，要主动点头致谢，并道别。

4. 面试后不忘感谢

不要把面试结束当作是求职的结束。

面试后用邮件或电话方式表示感谢，费不了多少工夫，但很多人都意识不到这一点，也许机会便这样错失了。因此，要把面试后表达感谢当成是面试礼仪不可或缺的一部分，加以重视起来。应聘归来后，最好在 24 小时内发出感谢的邮件。内容要简洁，布局要美观，语言要得体。开头要提及你的姓名及简单情况，然后提及面试时间，并对面试官表示感谢。中间部分要重申你对该单位、该职位的兴趣，重申希望在该单位工作的原因和热忱，表明你能够胜任，也要谈到你在面试中的感受和收获。结尾部分可以表达你的信心或愿意为该单位效劳的意愿。

应当说，面试的礼仪远不止这些，有些用人单位甚至会刻意安排一些"陷阱"，以考查求职者在自然状态下的素质和修养。因此，求职者要把进入用人单位的第一步当作是面试的开始，一言一行都要慎之又慎。当然，要具备良好的礼仪，更需要求职者在平时就养成良好的习惯，做一个有心人。

训练设计

组织一次模拟面试，在每个环节设置若干评委进行打分，并写出意见和建议。

4.3 求职面试的技巧

简历能够初步反映求职者的基本情况，而面试更能够直观、全面、深入地评判求职者的综合素质。面试官会关注求职者发言过程中的态度、语言表现力、发言的内容，从中得到一个整体印象，然后进行综合判断。因此，求职者除了加强口语表达能力外，还应该事先了解一些常见题型，掌握一些面试的技巧，并有意识地进行面试预演，以便在面试中能够顺利过关。

4.3.1 面试应对的基本要领

1. 正确运用语言

面试时要做到口齿清楚、语言流畅、语调恰当、音量适中。

在谈话时,吐字不清、语言不畅、语调呆板、声音沙哑或尖亢,将削弱你的说服力、吸引力与魅力,有损说话内容的传递,尤其是在自我介绍成绩和优点时,将不被人注意而影响竞争力。为此,在交谈时,要注意吐字清晰,发音准确,说话干脆利落,喉部要放松,减少尖音;要适当控制说话的速度,以免磕磕绊绊;注意抑扬顿挫,并驱除口头禅和不文明语言,忌说半截话;还要注意音量的控制,根据面试现场来决定声音的大小。两人面谈且距离较近时声音不宜过大,集体面试而且场地开阔时声音不宜过小,以每个考官都能听清你的讲话为原则。

2. 沉着冷静、理性分析

面试中遇到不易回答的问题,求职者极易出现诸如紧张、恐惧、急躁等消极心理,这时更需要沉着、冷静,不能让这些消极心理情绪蔓延和扩张。这些情绪持续时间越长,危害越大;如果成为面试时的主导心理情绪,必然会导致此次求职的失败。事实上,面试时每个人或多或少都会有些消极心理。求职者要冷静地将消极情绪以减缓的方式控制下来,可凭借机械性的方法做自控,如咬紧嘴唇、手捏肌体等,从而达到冷静自己情绪的目的。然后,理性分析面试官提出的问题,作出尽可能的回答。

3. 以诚为本,有自知之明

"知之为知之,不知为不知。"在面试中,遇到自己不知、不懂、不会的问题时,闪烁其词、沉默不语、牵强附会、不懂装懂的做法均不足;要诚恳、坦率地承认自己的不足之处。"对不起,这个问题我不知道,我能向您请教吗?""谢谢您使我懂得了许多新知识。"不懂就是不懂,坦然相对,能给人留下诚实、坦率的好印象。

4. 听清问题,有的放矢

在面试中,如果没有听清面试官提出的问题,或者难以理解对方问题的含义时,可请对方将问题重复一遍,并先谈自己对这一问题的理解,请教对方以确认内容。对不太明确的问题,一定要搞清楚。这样才会有的放矢,不至于文不对题、答非所问。

5. 讲究技巧,简洁明了

1)直接回答

运用直接回答这种技巧,必须记住所要回答的问题是不可避免的。已经存在确凿的事实,只讲正面的事;采用证据来补充陈述,陈述的内容必须紧紧围绕面试官所提的问题，简明清晰。这类问题有"你多大年龄""受专业教育的情况""驾龄几年"等。

2）智巧回答

所谓智巧回答，是对一些无明确答案，或者言在此意在彼，或者包含某种陷阱的问题，采用间接的方式进行回答，以避免使自己处于被动的状态。例如，"你为什么要加入我们公司？""你为什么辞职？""你喜欢出差吗？""你有实际经验吗？"对这些问题，求职者在回答时，都不能只是简单地说"是"或"否"就可以了，还需要做一些简明扼要的介绍。例如，在回答"你有实际经验吗？"这个问题时，假如你没有工作经验，在回答"否"之后，还要作适当补充，例如，"虽然我目前还没有经验，但是我一直对这类工作很感兴趣，相信用心去做一定能够做好。"如此答复，以给面试官信心。又如，回答"你喜欢出差吗？"这个问题时，切莫将其看作是在询问自己的兴趣爱好，面试官实际关注的是求职者能否及是否愿意出差。所以，求职者要在回答时表现出自己"不仅愿意出差，而且还有丰富的出差经验，或者有吃苦耐劳精神"的印象。

3）巧妙反对

有些时候，求职者不得不表达其反对意见，但切记一定要配合面试官的语气，先表达与他相同的看法后，再把不赞同的部分轻描淡写地带进去。一旦找出共同点，面试官对你的反对意见也是会轻易接受的。求职者在表示自己的反对意见时，要先讲明自己的想法不大周全也可能是错的，不要强求面试官立刻相信你的意见，要容许别人考虑你意见的根据，也可以提供相当充分的资料，叫人足够相信你提出的意见，既不盲从也不自以为是。特别当你在面试官面前以一个问题解决者的身份出现，陈述你对公司所面临困难的解决方案时，更应如此。这样，一方面诚恳真诚地说出自己真正的看法；另一方面又切实地尊重对方的思维方式，这才是最理想的相互交谈与交流方式。

4.3.2 常见题型

面试题型万变不离其宗，总是围绕求职者的工作能力及对这份工作的态度而展开。另外，通过回答，也能够在一定程度上反映出求职者的其他能力和素质，如语言表达能力、沟通交际能力、思考判断力，以及自信、诚信、细心等素质。以下归纳了一些面试中的常见题型，求职者有必要事先对这些问题做一番准备。

1. 人际交往和沟通能力的考查

1）自我介绍

自我介绍可以说是面试的必答题。很多人回答这个问题过于平常，只说明自己的姓名、年龄、爱好、工作经验，而这些在简历上都有。其实，用人单位最希望知道的是求职者能否胜任工作，包括专业知识水平、最突出的技能、个性气质、做过的成功事例、主要的成就等。因此，求职者在自我介绍的时候一定要"投其所好"，紧扣应聘的工作而展开，有事例、有展开，时间控制在三分钟左右。要注意的是，自我介绍的内容既不能是对简历的复述，也不要明显作假；表述方式上要尽量口语化，不要像背诵。

2）善于和哪些人相处

通过这个问题，面试官能够大概了解到求职者的沟通能力、交际能力，从而大致推断其是否适合所招聘的职位。有些工作需要同外界打交道，通过与人的交往来打开工作局面，因此对求职者的交际能力有较高的要求，但即使是其他的工作也需要求职者有最起码的沟通能力，和同事能建立良好的工作关系，以营造和谐的工作氛围。因此，求职者要以亲切、轻松的语气回答此类问题，给人以自信、通达、开朗、热情的印象，这种印象本身就说明其很好相处。要注意的是，不要把自己说成是老好人这一类型。因为这种人跟谁都合得来，但同时也往往没有自己的原则。

3）你平时的约会多吗

这个问题是一个语言陷阱。直接回答"多"，会让面试官担心你会因此影响工作；如果回答"不多"，则会让面试官认为你的交际能力有问题。面试官通过这个问题想要了解的是求职者对于"公"和"私"的处理态度。所以，在回答这个问题的时候，要让面试官既感受到你对工作的负责、热忱，也要让他们体会到你对生活的热爱。

4）你有没有领导团队完成某项任务的经验

不要简单回答"有"或"没有"。如果有这方面经验，要将其中运用的方法表述出来；如果没有这方面经验，则要委婉表达自己所具备的领导能力、团队精神。

2. 潜力的考查

1）就你申请的这个职位，你认为自己还缺乏什么能力

通过这个问题，面试官想听到的是求职者今后工作中应对困难的态度。所以，求职者不要想当然地告诉面试官自己还缺乏什么能力、什么能力还不够，而是要让他们看到自己的优势，能够胜任所申请的职位；即使有什么不足，也可以在今后的工作中以最快的速度加以克服。

2）你是否参加组织过富有创意的活动，该活动创新点在哪里

这是考查求职者的创新创造能力。求职者事先对此类问题有所准备，才能在回答时从容不迫。回答的重点是创新，不管最终结果如何，预先的设想和实施的过程可以详细回答。

3）你有没有面临过一些左右为难的场面或问题，你是如何处置的

这是考查求职者的分析判断能力。求职者需要冷静思考，可举生活、学习、

工作中遇到的矛盾事例来分析。事不在大小，只要将你的理性思路表达出来即可。

4）你希望公司以后给你提供哪些方面的培训

这是考查求职者的学习能力和潜在的"势能"。求职者可以结合专业特长、职业性质，提出更"专"、更"深"的培训要求，也可以根据工作需要提出拓宽自己知识水平和工作技能的培训。总之，要让面试官感受到你有强烈的上进心和较强的学习能力。

5）你自己适合干什么

这是对求职者自我认知能力的考查。"我不知道自己适合干什么，只要有份工作就行""我选择这个工作，是因为我原来做过""我干什么都行"等，都不适合作为该问题的答案，因为这些回答很明显地给人以不着边际或没有独立主张甚至是混日子的不好印象。求职者要根据自己的兴趣爱好、性格特点、能力等，结合自己的职业规划来回答，最起码要将工作的方向和类别体现出来。

6）假如让你来当我们公司的经理（或其他职务），首先你会做哪几件事

这类问题的目的是考查求职者的想象能力、解决或处理突发情况的能力。遇到这种问题，忌长时间的沉默，但也不要急于回答。稍做思考，将思路理顺，在头脑中列出纲要，然后逐条答出；切莫长篇大论、滔滔不绝。

3. 品格的考查

1）你有什么优缺点/你最大的缺点（优点）是什么

这类问题被问到的频率也很高。一个能够客观、正确地看待自己的人，在日后的工作中，也往往能够秉持公心，保持客观的立场；而不是以自我为中心，凡事推卸责任。有缺点并不可怕，可怕的是无视、回避自己的缺点。只要能提出改掉缺点的方法并付诸行动，反倒证明了自己是一个有能力战胜弱点的人。

求职者在遇到此类问题时，不管自身有什么优点和缺点，要记住面试官想看到的是一个正确看待自我、勇于自我反省、敢于正视缺点的人。因此，在回答时，态度要诚恳，回答要中肯。在说到优点时，要大方自信，不要故作谦虚，也不要夸夸其谈，最好能够结合所求的职位强调自己所具有的技能；在说到缺点时，可以说一些对于所应聘工作无关紧要的缺点，甚至是一些表面上看是缺点，但从工作角度看却是优点的缺点。例如，"我胆子小。许多事情要是没有领导的交代或未经请示，我是绝对不敢干的。"也可以坦诚表述因某些缺点而曾经犯过的错误，然后告诉对方自己从中学到什么，或者正在努力改进，让面试官知道你是一个知错能改的人。

不要有意夸大优点，也不要故意把优点说成缺点，以免给人浮夸、虚伪之感；也不要说自己没有缺点，以免给人自大、肤浅的印象；更不要直接说自己小心眼、嫉妒心强、非常懒散、脾气大、爱背后议论人、工作效率低等严重影响应

聘工作的缺点。

2）你有什么爱好

用人单位会通过这个问题来考查求职者的性格、人品、涵养等。最好不要说自己没有爱好；也不宜千篇一律地说自己只爱好看书、听音乐、上网等，哪怕实际情况的确如此，太单调、安静的爱好会让面试官怀疑你的性格孤僻、冷漠。最好能有一些户外的或能够体现你的毅力、竞争力的爱好，以给人一种积极向上、热爱生活的感觉。

3）说说你的家庭

家庭对一个人的成长起着关键作用，对个人的性格、能力、品格的塑造和影响至关重要。来自和睦家庭的人，往往自信开朗、性情温和、有责任感；来自不和睦家庭的人，则往往很难和同事处理好关系。因此，求职者要传递给面试官积极的一面，要强调温馨、和睦的家庭氛围，强调家庭成员的良好品质及其对你的积极影响，强调家庭成员对自己求职的支持，强调自己对家庭的热爱和责任感。

4）你和其他求职者有什么不同

这是侧面考查求职者的人格和品德。面试官通过求职者对他人的评价来判断其自身素质。所以一定要注意，不宜泄露自己所知道的他人信息，也不宜评论他人的缺点，更不要趁此机会背后非议他人或说人坏话，这样并不能为自己加分，反而会让面试官对你的品德产生怀疑。

回答这类问题，要绕开正面，从侧面入手，可以先说自己对于所求职位的优势，然后再对其他求职者进行肯定就可以了。

5）你对工资待遇有什么要求

此问题是评价求职者观察问题的角度及思想境界的高低。一心追求待遇的人，往往为人所不齿，觉得你斤斤计较。如果你努力工作，干出成绩，一般公司的效益工资和个人业绩是直接相关的，是以制度的形式确定下来的，关键在事在人为，关键在你的才干。

因此对于这类问题，求职者可以这么说："我不是只为薪金才到贵公司来工作的，我看重的是贵公司能尊重人才，能给人许多学习提高的机会，以及对人的真才实干的肯定与激励。一个人的报酬，应该是同他的贡献成正比的。我之所以应聘，不在于暂时的收入高低。水涨船高，锅里满了碗里自然多；暂时的收入高低，不会左右我对事业的追求。像贵公司这样的企业，是绝不会亏待每一个优秀员工的。"

6）你的学历并不符合我们的要求，恐怕不适合来应聘这个职位

这类问题是通过指出求职者的弱势，使其陷入一种困境，考查在这种极端情况下，求职者的心理承受能力。求职者要抛开顾虑，相信自己的能力，将所具备的优势充分表现出来，化被动为主动，将劣势扭转过来。切忌大吵大闹、拂袖

而去。

4. 积极性的考查

1) 为什么想来我们公司，你为什么辞职

通过此类问题，用人单位想了解的是求职者的求职动机，以及对用人单位和所求工作的态度，了解求职者有没有安心在本单位工作的意愿和积极性。求职者遇到这类问题，要用诚恳的态度和坚定的语气明确表达对该单位的向往，最好能够罗列出相当详细的资料，以表示出对该单位的关注，如公司知名度、财务状况、良好的信誉、工作环境优良、发展机会多、福利待遇好等。在回答"你为什么辞职"这类问题时务必小心应对，绝不能给面试官一个爱跳槽的印象。你可以这样回答："我仍喜欢目前的工作、公司和同事，只是觉得现在面试的这个工作更有发展前景。"并就该工作的"发展前景"作一定的补充说明。如果你是因家庭原因要更换工作，则可以把原因直接告诉面试官。

2) 你对琐碎的工作是喜欢还是讨厌

这个问题同样是对求职者工作态度的考验。任何工作都避免不了琐碎之处，但人们对待琐碎工作却往往是缺乏耐性的。

在回答这个问题的时候，不能直接说"喜欢"或是"讨厌"，而是要向面试官表达：能够接受琐碎工作并且把它们认真、细致、耐心地做好。这样的回答既真实表现了大多数人不喜欢琐碎工作的普遍心理，又强调了自己对琐碎事情的敬业精神。

3) 你怎样看待日常加班，如何看待超负荷运转的工作方式

这也是面试官在试探求职者的工作态度，考查求职者的积极性和驱动力。求职者要试图留给面试官一个能够吃苦耐劳、勤勉肯干的印象。

4) 如果公司给你的工资没有达到你简历里的要求，你还来我们公司吗

这是一道典型的投石问路题。通过回答，可以看到求职者对工资和前途看中的比率，从而断定这个人的追求及公司对他未来的培养价值。求职者在回答时应巧妙地突出发展前景的重要性，以及能力与薪酬的正比性。

4.3.3 求职面试中常见的错误

（1）弄虚作假，无中生有。

（2）抢答插话，滔滔不绝。

（3）沉默寡言，唯唯诺诺。

（4）喜好争辩，强词夺理。

（5）抬高自己，贬低他人。

（6）与面试官"套近乎"。

（7）煽情诉苦，博取同情。

(8)主动打探薪酬福利。

(9)不注重面试礼仪。

训练设计

结合4.3节的模拟面试,在面试提问这一环节设置若干问题,请老师担当面试官,进行打分和评议。

第 5 章
命题演讲训练

> 训练目标

通过命题演讲的训练，学生了解什么是命题演讲、命题演讲的种类、命题演讲的特点，命题演讲稿的格式及写作要求；熟悉命题式演讲的基本规则；掌握命题式演讲的基本方法和技巧。通过训练培养学生的理解能力、分析能力，对相关资料的整合能力及逻辑思维能力；使学生能够正确运用有声语言和态势语言，依据演讲稿生动地表达讲话内容，提高语言表达能力。

> 演讲学是各门科学的结晶，文化发达后最高的艺术。
>
> ——杨炳乾

5.1 命题演讲概述

一次伟大的演说在一定程度上可以决定一个国家、一个民族的命运。美国《展示》杂志曾列举过近百年来世界八大最具有说服力的演说家，并简单介绍了他们的演讲对历史的进程起到的作用。

5.1.1 命题演讲的概念

命题演讲是根据事先规定的题目或限定的范围，在一定场合所作的主题鲜明、内容完整、结构严谨的有准备的演讲。就语言的组织来说，这种演讲形式类似于命题作文。但其又不同于命题作文，除了遵循命题作文的一般规则以外，还必须符合演讲的一般规律。因而，这种形式的演讲较之于其他形式的演讲要求更高。命题演讲不仅要主题突出、论点鲜明、论据确凿、论证严谨，而且要求讲究开头和结尾的技巧、修辞的手法和结构的层次等。

习近平主席2019年新年贺词

大家好！"岁月不居，时节如流。"2019年马上就要到了，我在北京向大家致以新年的美好祝福！

2018年，我们过得很充实，走得很坚定。这一年，我们战胜各种风险挑战，推动经济高质量发展，加快新旧动能转换，保持经济运行在合理区间。蓝天、碧水、净土保卫战顺利推进，各项民生事业加快发展，人民生活持续改善。京津冀协同发展、长江经济带发展、粤港澳大湾区建设等国家战略稳步实施。我在各地考察时欣喜地看到：长江两岸绿意盎然，建三江万亩大地号稻浪滚滚，深圳前海生机勃勃，上海张江活力四射，港珠澳大桥飞架三地……这些成就是全国各族人民撸起袖子干出来的，是新时代奋斗者挥洒汗水拼出来的。

这一年，中国制造、中国创造、中国建造共同发力，继续改变着中国的面貌。嫦娥四号探测器成功发射，第二艘航母出海试航，国产大型水陆两栖飞机水上首飞，北斗导航向全球组网迈出坚实一步。在此，我要向每一位科学家、每一位工程师、每一位"大国工匠"、每一位建设者和参与者致敬！

这一年，脱贫攻坚传来很多好消息。全国又有125个贫困县通过验收脱贫，1 000万农村贫困人口摆脱贫困。17种抗癌药降价并纳入医保目录，因病致贫问题正在进一步得到解决。我时常牵挂着奋战在脱贫一线的同志们，280多万驻村干部、第一书记，工作很投入、很给力，一定要保重身体。

我始终惦记着困难群众。在四川凉山三河村，我看望了彝族村民吉好也求、节列俄阿木两家人。在山东济南三涧溪村，我和赵顺利一家围坐一起拉家常。在辽宁抚顺东华园社区，我到陈玉芳家里了解避险搬迁安置情况。在广东清远连樟村，我和贫困户陆奕和交谈脱贫之计。他们真诚朴实的面容至今浮现在我的脑海。新年之际，祝乡亲们的生活蒸蒸日上，越过越红火。

这一年，我们隆重庆祝改革开放40周年，对党和国家机构进行了系统性、整体性、重构性的改革，推出100多项重要改革举措，举办首届中国国际进口博览会，启动建设海南自由贸易试验区。世界看到了改革开放的中国加速度，看到了将改革开放进行到底的中国决心。我们改革的脚步不会停滞，开放的大门只会越开越大。

我注意到，今年，恢复高考后的第一批大学生大多已经退休，大批"00后"进入高校校园。1亿多非户籍人口在城市落户的行动正在继续，1 300万人在城镇找到了工作，解决棚户区问题的住房开工了580万套，新市民有了温暖的家。很多港澳台居民拿到了居住证，香港进入了全国高铁网。一个流动的中国，充满了繁荣发展的活力。我们都在努力奔跑，我们都是追梦人。

此时此刻，我特别要提到一些闪亮的名字。今年，天上多了颗"南仁东星"，全军英模挂像里多了林俊德和张超两位同志。我们要记住守岛卫国32年的王继才同志，为保护试验平台挺身而出、壮烈牺牲的黄群、宋月才、姜开斌同志，以及其他为国为民捐躯的英雄们。他们是新时代最可爱的人，永远值得我们怀念和学习。

这一年，又有很多新老朋友来到中国。我们举办了博鳌亚洲论坛年会、上海合作组织青岛峰会、中非合作论坛北京峰会等主场外交活动，提出了中国主张，发出了中国声音。我和同事们出访五大洲，参加了许多重要外交活动，同各国领导人进行了广泛交流，巩固了友谊，增进了信任，扩大了我们的朋友圈。

2019年，我们将隆重庆祝中华人民共和国70周年华诞。70年披荆斩棘，70年风雨兼程。人民是共和国的坚实根基，人民是我们执政的最大底气。一路走来，中国人民自力更生、艰苦奋斗，创造了举世瞩目的中国奇迹。新征程上，不管乱云飞渡、风吹浪打，我们都要紧紧依靠人民，坚持自力更生、艰苦奋斗，以坚如磐石的信心、只争朝夕的劲头、坚韧不拔的毅力，一步一个脚印把前无古人的伟大事业推向前进。

2019年，有机遇也有挑战，大家还要一起拼搏、一起奋斗。减税降费政策措施要落地生根，让企业轻装上阵。要真诚尊重各种人才，充分激发他们创新创造活力。要倾听基层干部心声，让敢担当有作为的干部有干劲、有奔头。农村1 000多万贫困人口的脱贫任务要如期完成，还得咬定目标使劲干。要关爱退役军人，他们为保家卫国作出了贡献。这个时候，快递小哥、环卫工人、出租车司机以及千千万万的劳动者，还在辛勤工作，我们要感谢这些美好生活的创造者、守护者。大家辛苦了。

放眼全球，我们正面临百年未有之大变局。无论国际风云如何变幻，中国维护国家主权和安全的信心和决心不会变，中国维护世界和平、促进共同发展的诚意和善意不会变。我们将积极推动共建"一带一路"，继续推动构建人类命运共同体，为建设一个更加繁荣美好的世界而不懈努力。

新年的钟声即将敲响，让我们满怀信心和期待，一同迎接2019年的到来。

祝福中国！祝福世界！

谢谢大家！

【简评】

习总书记的演说语言精练，结构优美。再加上习总书记独特的语言风格演绎使此演说的气势、感染力及震撼力无与伦比。演说中采用了大量的排比句，此类句子结构的重复使用，一方面强化了思想主题，另一方面又增强了语言的气势与表达的效果，大大提升了演说的艺术魅力。

一次精彩的演讲离不开演讲者对自己的肢体、声音等方面的训练。台上一分钟，台下十年功。要想在演讲中获得掌声，就必须在台下努力训练自己的演讲基本功。但命题演讲作为一种特殊的演讲形式，有着比其他演讲更高的要求，因此仅仅做好演讲的基本训练还远远不够。有些注意事项是我们不能忽略的。命题演讲最忌"开口千言，离题万里"。在命题演讲中"题"是整篇演讲的中心或灵魂，整篇演讲的语言组织、结构布局、出发点、归宿点，都必须紧紧围绕这个中心或灵魂。一旦偏离了命题，无论是多么闪光的语言、多么得体的着装、多么具有感染力的肢体动作都将没有任何意义。

5.1.2 命题演讲的种类

根据命题演讲的基本概念，可以将其分为两类，即定题演讲和自拟题目演讲。

1. 定题演讲

所谓定题演讲，即要求演讲者根据事先确定的题目进行演讲。这种演讲对演讲的主题和内容都作了较严格的限制。例如为庆祝中华人民共和国成立70周年而举办的《祖国在我心中》演讲比赛，所有参加演讲的选手都必须使用《祖国在我心中》这一题目，而演讲的主题也必须围绕歌颂祖国这一点而展开；同时在演讲中必须要有个人的真实经历和感受，以向听众说明祖国为什么在我心中。因为命题演讲的限制严格，可以说是对演讲者个人演讲基本素质的重大考验。作为一名演讲者，只有在付出努力的汗水之后，才有机会体会掌声响起时的感慨与激动。

2. 自拟题目演讲

自拟题目演讲，即要求演讲者按给定的范围自拟题目进行演讲。这种形式相对自由度比较高，演讲者可以根据需要拟定适合自己的题目。但是它仍然被严格限定了范围，演讲的内容仍必须符合范围内的有关主题要求。仍以为庆祝中华人民共和国成立70周年而举办演讲比赛为例，在这次演讲比赛中若仅要求将演讲作为祖国70岁生日的献礼，演讲题目由参赛者自拟。那么，演讲者就可以选择《祖国在我心中》《东方巨龙的腾飞》《70年的感动》等为题进行演讲。虽然题目各有不同，但是主题还是都围绕歌颂祖国而进行的。

无论是哪种类型的命题演讲，"题"都是命题演讲的魂；能否把握住演讲的命题之魂，是决定命题演讲成功与否的重要因素。

训练设计

1. 定题演讲训练

请分别从5个不同的方面解读下列题目。

方法：根据所给定的题目展开联想，结合你的生活经历及社会现实对给定的题目进行解读，使你的演讲内容符合听众的审美情趣，吸引听众的注意力，并引起其共鸣。要求对每个给定的题目至少从5个不同的角度去解读。

(1) 我的中国梦

(2) 人无信而不立

(3) 幸福是什么

(4) 业精于勤，荒于嬉

(5) 莫负青春

（6）在困难时微笑

_____
_____
_____
_____

2. 自拟题目演讲训练

请仔细阅读下面的几个小故事，并根据每个故事的内容，确立三个不同的演讲题目。

方法：通过对故事内容的理解和掌握，结合自己的所得所感及实际生活，确立出不同的论点及论据；然后对众多的论点进行分析；最后挑出自己最能驾驭并能打动听众的几个确定演讲的题目。

（1）蚂蚁和鸟

因为口渴，蚂蚁爬到一条小河喝水，不想一不小心掉进了水里。这时一只鸟儿路过，便衔了根树枝把它救了上来。

小蚂蚁千恩万谢，鸟儿却淡淡一笑，继续觅食去了。正在这时，小蚂蚁听到轻轻的脚步声，回头一看，原来是一个猎人正在拿枪瞄准那只救了自己的鸟。小蚂蚁想："不行，我一定要救我的救命恩人。"然后，它马上爬进猎人的裤管里，狠狠地咬了猎人的小腿。猎人正好在这时扣动了扳机，因为腿上一痒，猎人有些分神，所以子弹打偏了。

鸟儿听到枪声迅速地飞远了。它不知道，救它的正是那只自己刚救过的小蚂蚁。

_____
_____
_____

（2）玫瑰的朋友

一位商人在回家的路上隐隐闻到一股香气，他顺着香味寻找，香源是一堆泥土。商人非常高兴，把泥土装进袋子里，带回了家。他把泥土放进空花盆里，放进房间。过了几天，他的屋里就满是香气了。商人想不明白，泥土为什么这么香。有一天晚上他忍不住对着泥土自言自语道："你到底是什么呢？你看起来太像泥土了。"

"我就是泥土啊。"泥土突然开口说。

大吃一惊的商人立刻问道："那你一定是特别稀有的泥料吧？"

"不是，我就是普通的泥土。我之所以这么香，只是因为我和玫瑰花是朋友，曾经在玫瑰园里和它朝夕相处过很长时间而已。"泥土打个哈欠说道。

(3) 最佳答案

法国曾经在报纸上进行过一次有奖智力竞答。题目是：如果法国最大的博物馆卢浮宫不幸失火，情况非常紧急只允许你抢救出一幅画，你会救哪一幅呢？

问题刊出之后，各地的信件便如雪片般飞来。大家都想获得那一大笔奖金。每个人都竭尽所能地阐述自己的观点。在成千上万的回答中，向来以机智聪慧著称的法国作家贝尔纳赢得了该题的奖金。他的答案是：抢离出口最近的那幅画。

(4) 做真正的自己

法国著名作家大仲马的儿子小仲马，也是一个非常喜欢写作的人，但是在刚开始的时候他的稿子总是遭遇退稿。

大仲马不忍心看儿子受挫，便对他说："你可以在你的稿子后面附上一句，说一下你和我的关系，这样情况会好些。"小仲马一口否决了。"我要靠我自己。"他坚定地说。

一次又一次的退稿更激发了小仲马的创作热情，终于，他的付出有了回报。他的《茶花女》以绝妙的构思和精彩的文笔震撼了一位资深编辑。直到这位编辑登门拜访时，才发现《茶花女》的作者居然是大仲马的儿子。

"您为什么不在稿子上署上真名而非要用人人陌生的笔名呢？"老编辑很奇怪地问道，"署真名对您是非常有利的。"

"是，"小仲马微笑着回答，"但是我只想拥有真实的高度。"

结果证明，小仲马一点也不比他的父亲差。

(5) 爱因斯坦的旧大衣

移民美国之后，爱因斯坦依然保持着朴素的生活作风，他几乎没有买过什么新衣服，每天上街都穿得破破烂烂。走在富丽堂皇的纽约街头，他的打扮十分扎眼。一天，当他又穿那件破大衣在街头散步时，碰巧遇到一位老友。老友指着他已有破洞的大衣说："你这一身衣服与周围太格格不入了，赶紧换一件大衣吧。"

"有什么必要吗?"爱因斯坦反问道,"反正这里的人都不认识我。"

几年之后,发现了相对论的爱因斯坦已经誉满天下。当他又一次在街头碰到那位朋友时,朋友指着他依然没有换掉的大衣说:"你现在已经是名人了,总该换掉这件破大衣吧?"

"照样没有必要,"爱因斯坦回答道,"反正这里的人都已经认识我了。"

5.2 命题演讲的特点及程序

5.2.1 命题演讲的特点

命题演讲一般都先告知演讲者命题的题目或范围,给予演讲者充分的时间对演讲内容进行准备。因此,命题演讲具有以下三种鲜明的特点。

1. 严谨性

命题演讲有较充分的准备,无论是主题的确定、材料的选择、演讲稿的设计,还是演讲过程都是经过周密安排,精心设计的。

自古以来,演讲就是唤起民众奋斗的武器。命题演讲作为演讲中的重型武器,更是如此。尤其要注重宣传真理,传授知识,陶冶情操,启迪心灵,因此,命题演讲通常是比较严肃的。

命题演讲的讲稿制作尤其要精心、细致。从开头到结尾无不是撰稿者智慧的结晶。讲稿尤其注重材料的选择和思想的表述。文章结构严谨,论点鲜明,论据充分;并多采用叙议结合的写作手法,虚实相生,疏密相间,跌宕有致,主干鲜明,节奏明快,甚至对演讲者的语音语调、语速快慢等都作了精心安排。演讲者还要根据演讲场合的需要,对自己的着装打扮进行设计,可以说在任何细节上都争取完美。因此在演讲过程中,除了根据现场实际,临时采取一定的应变措施之外,很少改变演讲者原先的设计,随意性比较小。

2. 稳定性

命题演讲,既不像即兴演讲那样瞬息即逝,也不像论辩演讲那样随机应变。它的内容翔实,思想精湛,艺术形式完美,因而一经形成,便相对稳定。它所受时境的限制较少,内容因时境而变化的可能性也相对要少一些。

优秀的演讲家有"讲台上的作家"之称,优秀的演讲本身就是一部优秀的艺术作品，一般具有不朽的艺术生命力，不会因时间的流逝而消失，也不会因时代的变迁而削弱。历史上许多演讲名篇，正是以其深刻的思想和独特的艺术形式而永葆青春，直到今天仍被人们广泛研读。

3. 针对性

有的放矢，有感而发，这是命题演讲的又一鲜明特点。命题演讲的"题"总是有针对性的，"题"是有所指的。比如当前工作学习中的薄弱环节，需要指出并加以克服；社会上一种倾向出现了，需要提醒大家注意；听众普遍关心、讨论最多的热点问题，需要给予正确的回答和引导；生活中流行的错误观点、错误思想需要指正；优秀的、创新的意识需要提倡，等等。实践证明，演讲者越是熟悉社会，了解听众，就越有针对性。演讲的针对性越强，效果就越好。

5.2.2 命题演讲的程序

命题演讲的特质决定了它的程序。一般来说，命题演讲的程序由以下三部分组成。

1. 酝酿、构思阶段

这是一个十分艰难的创作过程，可以毫不夸张地说，命题演讲的酝酿、构思就是一次复杂的艺术创作过程。它包括确立主题、选择材料、设计程序等，直到形成演讲稿这一过程才宣告结束。在这个阶段中，不但要考虑主题的适时性（符合时代的要求和听众的喜好），也要权衡材料的生动性与代表性，还要突出个性与风格。因此，演讲稿最好坚持由演讲者亲自撰写，这样才能形成演讲者独特的个人风格，演讲中也更容易有真情实感，从而更易于和听众进行心灵上的沟通。

2. 演练阶段

登台之前，要反复练习，这对初次登台演讲的人来说，至关重要。这一方面是为了检验讲稿设计的情况，另一方面是让演讲者提前进入角色，调节心理和生理的适应能力。

3. 演讲阶段

演讲，不仅要"讲"，而且要"演"。"讲"是运用有声语言，"演"是运用无声语言，即肢体语言，如眼神、表情、动作等。演讲是以有声语言为主，辅之以无声语言，两者相辅相成，相得益彰，缺一不可。

命题演讲，原则上要忠实于事先准备好的讲稿和有关设计，但是这并不意味着不允许演讲者根据演讲的现场环境和听众的信息反馈，以及在演讲过程中遇到的始料不及的新情况，对原来的讲稿和设计作适当的调整或改变。反应机敏和现场应变能力强，这正是优秀的演讲者所必须具备的一种能力。例如，听众对所讲的话题不感兴趣，不要硬着头皮讲下去，而应该压缩原来的内容或者改变部分话题；演讲者记不起词，卡住了，一定不要纠结于原稿的内容，而是要果断地把记不起的内容丢掉，不着痕迹地接下去；时间不够，演讲者就必须压缩内容，只留下核心的、听众感兴趣的部分等。

世界上没有一成不变的事物，演讲中可能遇到各种各样的突发状况，这是演讲者无法提前预知的。在遇到突发状况时，唯一的办法是依靠演讲者自身的应变能力及独具风格的演讲魅力去吸引听众，或者讲引人深思的话题，或者讲妙趣横生的故事，或者利用与听众密切相关的话题引起听众的兴趣，利用兴趣去激发听众的积极情绪，抵制消极情绪。总之，突发状况是一把双刃剑，处理得不好，一切心血将付诸东流；处理得好，不仅会使演讲顺利进行，还会使演讲奇峰突起，收到意想不到的效果。

一次命题演讲可能只有短短的几分钟，但它却是演讲者长期的默默努力和艰难创造的结晶。它不仅展示了演讲者的才华和智慧，还表现了演讲者的勇气、风采和气质。

训练设计

学生会正在进行招新活动，请你按照下面的步骤，准备一份申请加入学生会的演讲稿，时间为5分钟。

首先是审题。可以列出与这个题目有关的全部论点，将次要的、没有把握讲清的、可能会出现负面效应的论点删除，将其组合成一个讲述纲要，看看是否能准确、深刻、有针对性地表达题意。然后找出与论点有关的"库存"材料，材料不够就尽快搜集。对这些材料应作筛选，将最鲜活、最切题意的材料留下。在此基础上开始全面构思。构思可以从三个方面考虑：① 开头如何不落俗套；② 主体如何条理清晰，重点突出；③ 结尾如何给人以启发。最后是撰写并修正。

1. 审题（请根据题目，列出至少5个论点）

_____

_____

_____

_____

2. 演讲提纲（从上面5个论题中选取一个作为演讲主题并列出演讲的结构，即演讲稿分几个部分，每个部分主要阐述哪些内容等）

_____

_____

_____

3. 演讲稿开头设置（从下面常用的方法中选择一种进行演讲稿开头的编写，或者自己创造出一种全新的开头方式）

悬念设置法：

故事引入法：

风趣幽默法：

开门见山法：

其他方法：

4. 主体部分设置（从下面常用的结构中选择一种进行演讲稿主体的编写，或者自己创造出一种全新的结构）

纵向深入式：

并列铺陈式：

对比因果式：

迂回递进式：

其他方式：_____
_____
_____

5. 演讲稿结尾设置（从下面常用的方法中选择一种进行演讲稿结尾的设计，或者自己创造出一种全新的方式。结尾是启发人们思考的新起点，应有催人奋进的力量。）

归纳总结法：_____
_____
_____

提出希望法：_____
_____
_____

激情呼吁法：_____
_____
_____

预见未来法：_____
_____
_____

其他方法：_____
_____
_____

第 6 章
即兴演讲训练

> 训练目标

通过训练，学生了解即兴演讲的性质、特点，掌握即兴演讲的基本方法，能根据不同场合、地点恰当地选择话题；讲话内容充实完美，有逻辑性；表述准确、流畅、层次清晰，恰当运用态势语；感情充沛，感染力强，提高即兴演讲能力。

> 要是你想达到你的目的，最好用温和的态度与人家讲话。
>
> ——莎士比亚

生活中的言语表达通常是表达者事先未做准备，临场因时而发、因事而发、因景而发、因情而发的。在大庭广众之中，演讲、论辩、提问、回答、谈判、推销……很多时候我们是"无"备而来，有时虽是有准备，但更多的时候要靠临时发挥才能产生良好的表达效果。因此，即兴说话的能力对于我们每一个人来说显得非常重要，即兴演讲则是即兴说话能力的一种集中表现。

6.1 即兴演讲概述

6.1.1 即兴演讲的含义

即兴演讲是指演讲者事先并无准备，仅依据现场感受，临时决定发表的演讲。即兴演讲的最大特点是随想随讲，根本没有思索的余地。因此，对于演讲者来讲，这是一门最能显示才华和风采，也最能暴露弱点和短处的口才艺术。练习即兴演讲，是锻炼演讲口才的最好方法之一。

即兴演讲要取得较好的效果是一件很难的事。这是因为即兴演讲不容演讲者深思熟虑、字斟句酌，需要演讲者具有敏捷的思维、丰富的经验、渊博的知识、较强的记忆力、严密的逻辑、高超的临场发挥才能。在言语交际过程中，擅长即兴演讲者常常是口若悬河，滔滔不绝，有条不紊，对答如流，一针见血；而缺少即兴演讲技巧者则脑门充血，无言以答，结结巴巴，颠三倒四，言语木讷，哼哼唧唧。因此，做好即兴演讲的训练对当代大学生来说具有非常重要的意义。

6.1.2 即兴演讲的特点

即兴演讲是在特定场景和主题的诱发下，或自发要求，或由他人提议的一种临时性的演讲。这种演讲具有以下三个主要特征。

1. 临场性

即兴演讲是演讲者被眼前的事物、场面、情景所刺激，从而激起兴致而产生的一种临时性的演讲。它既不能像命题演讲那样，事先写好讲稿，并进行试讲；也不能像论辩演讲那样，对有关情况事先加以调查研究，进行模拟训练，而必须靠临场准备，临场发挥。因此，临场性就成了即兴演讲最突出的特征。

2. 触发性

即兴演讲行为的产生，常常是由于某种特定的场景、特殊的时境引起的，与"触景生情"相类似。这些刺激物触发了演讲者的兴致，于是产生了"不吐不快"的欲望。

3. 短暂性

即兴演讲的场合，多为生活中的一个场面。有的甚至是小规模、小范围的社交聚会。在这些场合，演讲者只要言简意赅，当场表示某种心意即可，不宜作过于冗长的演讲。况且，演讲者是临时兴起而发表的演讲，事先并无准备，也很难构思出长篇大论的演讲来。所以，即兴演讲一般都是主题单一、篇幅短小、时间短暂的演讲。有的二三分钟即能完成，有的甚至几句警策式的话语，便能使听众感情激发。

6.1.3 做好即兴演讲应具备的条件

1. 发言要扣题

演讲者要根据自己参加会议的内容、场合及自己的身份选择自己发言的题目。当题目确立后，要围绕主题进行构思。演讲时要紧紧围绕主题，离题万里、海阔天空会降低演讲效果，引起听众的反感，降低自己的威信。

2. 内容要新颖

即兴演讲要有见地、别具一格，使听众能感受到"听君一席话，胜读十年书"，使演讲具有较强的感染力。演讲内容要力求创新，论理要深入浅出，启迪听众心灵。尤其是多人演讲，切忌重复别人已讲过的话，如果没有更新的话题就不要重复论述。

3. 构思要敏捷

要使即兴演讲围绕主题的主旋律分层次展开，要围绕主题确定从几个方面剖析，要讲几个问题，每个问题要说明几件什么事，说明一件事要引用什么例子，使演讲能够引人入胜。经过构思后，要打好"腹稿"，做到心中有数，临场不乱。

4. 语言要简练

即兴演讲要做到言简意赅。对渲染主题有用的话就说，与主题无关的话就坚决不说，切忌画蛇添足。

5. 表达要准确

即兴演讲时，表达一定要准确。如果表达不准确，或者说错了话，就会引起听众的反感或哄堂大笑。所以，即兴演讲的观点要准确，不能不负责任地信口开河。其表达的结果应该符合特定目的，切合特定语境。要做到表达准确，以达到预期的良好效果，即兴演讲应符合以下一般标准：

思维敏捷，反应迅速；立意明确，内容集中；
条理分明，逻辑严密；语势连贯，跌宕起伏；
用语规范，贴切易懂；适切语境，话语得体；
生动优美，诙谐幽默；委婉含蓄，蕴藉深邃；
把握时机，灵活善变；言语和谐，语气适宜。

6. 心绪要平静

即兴演讲时，演讲者如果是面对数以千计的听众，或面临高层次的上司时，未免有些紧张。有的人心理素质好，能够做到一边思考一边讲话；有些善于讲话的人，只要有个纲目，就可以流畅地讲话，做到纲举目张，侃侃而谈；而生活中不善言谈的人，由于缺乏锻炼，当众讲话就精神紧张，思维混乱，语无伦次。所以即兴演讲时，演讲者要稳定住自己的情绪，树立即兴发言要驾驭听众的信心。要培养自己良好的心理素质、健康的心态，克服恐惧、紧张的心理。即使在即兴演讲过程中出现口误或引起会场骚动等意外情况，演讲者也不要紧张，要采取订正或补充说明的措施，缓和会场气氛，努力消除尴尬局面。

7. 具备丰富的想象力和联想力

即兴演讲时，演讲者应该具备丰富的想象力和联想力。演讲者应该掌握由此事物考虑到另一事物的思维方法。即要从已知的经验、知识出发，运用自己丰富的想象力和联想力使思维超越时空界限，由此及彼，把彼此相似、相类、相反、相矛盾或相关联事物连接起来，使演讲的内容更加丰富，更加吸引人。

下面是一位同学的即兴演讲，我们来对这次即兴演讲词进行简单的分析。

各位年轻的朋友：

大家好！

如果有人问你，什么是精彩？你会怎样回答？是战争年代的踊跃参军，20世纪80年代的文学热，还是90年代的出国热？对，它们都是精彩。每个时代有每个时代的精彩，每个时代也造就了不同的精彩，但无论怎样，精彩总是与青春紧紧相连。

记得走进大学的第一天，辅导员就告诉我们，老狼校园民谣里轻松自如的大学生活在这个年代已经一去不复返了。90年代宣扬的"读书无用论"也早已被热火朝天的"考研""考证"热吹得无影无踪。时代已经将新一代的青年推向了社会的最前沿。因此，要寻找属于这一代人的精彩。

为了活得精彩，要拥有目标和信念。目标是心头的一盏明灯，信念是鼓舞你向着目标迈进的力量源泉。目标可能缥缈，路途可能坎坷。然而只要确定一盏明灯，就能让你顺利地泅过危难的海洋！传说中的火凤凰，它迎着太阳飞翔，为的就是将自己的身体点燃，因为只有燃烧才能重生。这多少有一些悲壮，但又确是一幅壮美的画面。因为奋斗拼搏的过程无比精彩！

为了活得精彩，必须拥有知识和技能。知识是成功的基础，技能是实现成功的工具。人类步入21世纪，世界多极化，信息全球化，知识信息量在以百倍的速度递增。面对这样的现实，昔日象牙塔里轻松自在的场景早已不见，取而代之的是寻找精彩的一双双炽热的目光。社会将竞争的残酷带到了你的身边，从而也造就了新一代青年的自强和向上。有一句话说"机遇留给有所准备的人"，那么，年轻的朋友们，让我们早早准备。

为了活得精彩，还要有不断超越的精神。鲁迅先生曾说，"不满是向上的灵魂。"时代的进步使新事物以让人难以置信的速度发展。没什么铁饭碗，没什么保质期。无论什么时候，都必须以起跑线上的姿态去迎接挑战。只有不断地学习和提高，才能跟得上这个精彩的大时代。

永远究竟有多远？没有人知道。只是历史长河中的小小一滴水。然而，既然是青春的拥有者，就没有理由不为自己喝彩，没有理由不活得精彩！人人都将老去，但不是为了永远的青春而来，而是为了感受不同的青春而来。从现在开始，让我们活得精彩！

谢谢大家！

【简评】

这篇即兴演讲内容具体扎实，条理清楚，主题明确，语言简洁，表达顺畅。演讲始终围绕着大学生如何能活得精彩展开，演讲材料的组织非常合理。

从入学时辅导员的教导，到鲁迅先生的名言，都很好地证明了演讲者如何在大学活得精彩的论点。演讲者在表明观点时非常明确具体，清楚明晰，不吞吞吐吐，也不空洞无聊，很容易引起同龄人的共鸣。

训练设计

1. 测试你的性格

在普通心理学领域，性格是个性的一部分，性格和气质能力一起称为个性，性格是后天形成的。根据自己的实际情况完成下面50道测试题，并将得分相加，测试自己属于哪种性格。测试性格可以了解自己，进而不断地完善自己。这需要自我挑战的勇气及坚持不懈的毅力。

（1）与观点不同的人也能友好往来　○ 符合　○ 难以回答　○ 不符合

（2）你读书较慢，力求完全看懂　○ 符合　○ 难以回答　○ 不符合

（3）你做事较快，但较粗糙　○ 符合　○ 难以回答　○ 不符合

（4）你经常分析自己、研究自己　○ 符合　○ 难以回答　○ 不符合

（5）生气时，你总不加抑制地把怒气发泄出来　○ 符合　○ 难以回答　○ 不符合

（6）在人多的场合你总是力求不引人注意　○ 符合　○ 难以回答　○ 不符合

（7）你不喜欢写日记　○ 符合　○ 难以回答　○ 不符合

（8）你待人总是很小心　○ 符合　○ 难以回答　○ 不符合

（9）你是个不拘小节的人　○ 符合　○ 难以回答　○ 不符合

（10）你不敢在众人面前发表演说　○ 符合　○ 难以回答　○ 不符合

（11）你能够做好领导团体的工作　○ 符合　○ 难以回答　○ 不符合

（12）你常会猜疑别人　○ 符合　○ 难以回答　○ 不符合

（13）受到表扬后你会更努力地工作　○ 符合　○ 难以回答　○ 不符合

（14）你希望过平静轻松的生活　○ 符合　○ 难以回答　○ 不符合

（15）你从不考虑自己几年后的事情　○ 符合　○ 难以回答　○ 不符合

（16）你常会一个人想入非非　○ 符合　○ 难以回答　○ 不符合

（17）你喜欢经常变换工作　○ 符合　○ 难以回答　○ 不符合

（18）你常常回忆自己过去的生活　○ 符合　○ 难以回答　○ 不符合

（19）你很喜欢参加集体娱乐活动　○ 符合　○ 难以回答　○ 不符合

（20）你总是三思而后行　○ 符合　○ 难以回答　○ 不符合

（21）使用金钱时你从不精打细算　○ 符合　○ 难以回答　○ 不符合

(22) 你讨厌在工作时有人在旁边观看 ○ 符合 ○ 难以回答 ○ 不符合

(23) 你始终以乐观的态度对待人生 ○ 符合 ○ 难以回答 ○ 不符合

(24) 你总是独立思考、回答问题 ○ 符合 ○ 难以回答 ○ 不符合

(25) 你不怕应付麻烦的事情 ○ 符合 ○ 难以回答 ○ 不符合

(26) 对陌生人你从不轻易相信 ○ 符合 ○ 难以回答 ○ 不符合

(27) 你几乎从不主动制订学习计划或工作计划 ○ 符合 ○ 难以回答 ○ 不符合

(28) 你不善于结交朋友 ○ 符合 ○ 难以回答 ○ 不符合

(29) 你的意见和观点常会发生变化 ○ 符合 ○ 难以回答 ○ 不符合

(30) 你很注意交通安全 ○ 符合 ○ 难以回答 ○ 不符合

(31) 你肚里有话藏不住,总想说出来 ○ 符合 ○ 难以回答 ○ 不符合

(32) 你常有自卑感 ○ 符合 ○ 难以回答 ○ 不符合

(33) 你不大会注意自己的服装是否整洁 ○ 符合 ○ 难以回答 ○ 不符合

(34) 你很关心别人对你有什么看法 ○ 符合 ○ 难以回答 ○ 不符合

(35) 和别人在一起时,你的话总比别人多 ○ 符合 ○ 难以回答 ○ 不符合

(36) 你喜欢独自一个人在房内休息 ○ 符合 ○ 难以回答 ○ 不符合

(37) 你的情绪很容易波动 ○ 符合 ○ 难以回答 ○ 不符合

(38) 看到房间里杂乱无章,你就静不下心来 ○ 符合 ○ 难以回答 ○ 不符合

(39) 遇到不懂的问题你就去问别人 ○ 符合 ○ 难以回答 ○ 不符合

(40) 旁边若有说话声或广播声,你总无法静下心来学习 ○ 符合 ○ 难以回答 ○ 不符合

(41) 你的口头表达能力还不错 ○ 符合 ○ 难以回答 ○ 不符合

(42) 你是一个沉默寡言的人 ○ 符合 ○ 难以回答 ○ 不符合

(43) 在一个新的环境里你很快就能熟悉了 ○ 符合 ○ 难以回答 ○ 不符合

(44) 要你同陌生人打交道,你常感到为难 ○ 符合 ○ 难以回答 ○ 不符合

(45) 常会过高地估计自己的能力 ○ 符合 ○ 难以回答 ○ 不符合

(46) 遭到失败后你总是难以忘却 ○ 符合 ○ 难以回答 ○ 不符合

(47) 你感到脚踏实地地干比探索理论原理更重要 ○ 符合 ○ 难以回答 ○ 不符合

(48) 你很注意同伴们的工作或学习成绩 ○ 符合 ○ 难以回答 ○ 不

符合

(49) 比起读小说和看电影来,你更喜欢郊游和跳舞　○ 符合　○ 难以回答　○ 不符合

(50) 买东西时,你常常犹豫不决　○ 符合　○ 难以回答　○ 不符合

测试结果对照表6-1。

表6-1　测试结果表

性向指数	0～19	20～39	40～59	60～79	80～100
性格倾向	内向	偏内向	中间型（混合型）	偏外向	外向

单号题:符合2分;难以回答1分;不符合0分。

双号题:符合0分;难以回答1分;不符合2分。

外向:具有较高的反应性和主动性。脾气暴躁、不稳重、好挑衅,但性格直率、精力旺盛;能以极大的热情工作,并克服前进道路上的障碍,但有时会缺乏耐心;当困难太大而需要特别努力时,偶尔会显得意志消沉,心灰意懒;可塑性相对较差,但兴趣较稳定。

偏外向:会对一切吸引他注意的东西,做出主动的、兴致勃勃的反应;行动敏捷,有高度的可塑性;容易适应新环境,善于结交新朋友;易动感情,姿态活泼、表情生动,言语具有感染力;精力充沛、坚定、有毅力。但在平凡和持久的工作中,热情易消退,表现出萎靡不振。

偏内向:不易动感情,感情也不易外露,态度持重、交际适度,对自己的行为有自制力;心理反应缓慢,遇事不慌不忙;可塑性差,不灵活但有条理,对事物能保持冷静持久的态度;因循守旧,缺乏创新精神,对外界的影响很少做出反应。

内向:具有较高的感受性和较低的敏感性,心理反应速度较慢,动作迟钝,说话慢慢吞吞;多愁善感,易动情感;不善于与人交往,在困难面前优柔寡断,在危险面前表现出恐惧和畏缩,在受挫折以后常心神不安,不能迅速地转向新的工作,主动性较差;不能把事情坚持到底;但是富于想象力,比较聪明,对力所能及的事情表现出较大的韧性,并能克服重重困难。

2. 临场快速反应能力训练

下面列举出几个场景片段,请你在30秒内将场景补充完整,并改善场景中的不利局面。

方法: 通过对情景的阅读,将自己置身其中,利用语言的魅力巧妙地改变不利局面。这种训练有助于培养自己的想象力及对突发事件的处理能力,使自己更容易融入团队,并给别人留下良好的印象。

情景1：你正在兴致勃勃地议论某人时，他突然走了进来。这时你会：

___

情景2：你一向认为自己的球技不错，并且曾经说过"我的反手球如何出色"之类的话。有一天你到网球场打球，有一位女士对你的夸口表示怀疑并向你提出挑战。在她和别人的比赛中，你发现她真是一个劲敌，你甚至没有看清她击球的手法。这时你会：

___

情景3：你和朋友聚在一起谈天说地。话题转到了某一作家最新的一部小说，而你却偏偏对现代文学不感兴趣，而且也没有读过这部小说。但是你又不甘心只做一个局外人。这时你会：

___

情景4：你准备了规模较大的聚会。客人到齐后你要介绍他们相互认识，可是你一时想不起其中一位的名字。这时你会：

___

情景5：你被邀请参加一个聚会。你误认为将出席正式场合，所以穿得特别隆重。可是到那儿一看，其他人穿的却是绒线套衫和长裤。相比之下你漂亮的夜礼服、考究的披肩、细细的高跟鞋却和那里的气氛格格不入。这时你会：

___

6.2 即兴演讲技巧

> 思维的浅陋让我们的语言变得粗俗而有失精准；
> 语言的随意凌乱，又使我们更易于产生浅薄的思想。
>
> ——乔治·奥威尔

6.2.1 如何确定即兴演讲的主题

主题是即兴演讲最主要、最关键的内容，是整个表达的根本依据。演讲中的每一个层次、每一个段落、每一句话语，甚至每一个词都反映一个意思，而这些意思，又都被统率在主题之下。主题一旦确定，便为材料的增删取舍创造了条件。表达的主题要有鲜明性、唯一性和凝缩性等特点。因此，即兴演讲时要及时提炼出正确而健康、深刻而新颖、典型而突出的主题。下面介绍四种常用的提炼主题的方式。

1. 临场触发式

所谓临场触发式，就是着眼于临场中的某一客观实物的特点与本质，并由此进行主观任意的联想，立即闪现出一种不平常的情绪，然后把它表达之外。如有一位演讲者这样开始他的演讲："看到刚才这个演讲者做了一个双手合十的动作，我不禁想起了我们的佛教，想起了佛教历史的源远流长……"

2. 胚芽孕育式

当我们置身于一些演讲会、座谈会、迎送会等场合时，常常受到当时气氛的影响，看到别人滔滔不绝、侃侃而谈，自己也想说几句。而怎么说呢？主要从别人的表达过程中找到话题，孕育主题。这就是胚芽孕育式。这种方式要新颖独特，发人之未发，言人之未言。在别人的表达中萌发一个新的观点，才能收到良好的效果。

3. 问题凝练式

问题是主题形成的摇篮。在许多情况下，没有问题，就不能提炼主题。在一些公共场合，别人都说了几句，而自己正襟危坐，怎么办？此时金口不开不行。于是向自己提出一连串的问题：怎么办？说什么？怎么说？……有价值的主题往往就产生于有价值的问题之中。

4. 角度更新式

对同一个问题，从不同的方面去表达，使之角度翻新，表达出众。比如同时以"小草"为题进行即兴演讲，平常者可能立足于"小草默默无闻，造福人类"这一角度进行表述；而灵变者则想到"小草逆来顺受，软弱无能，不思反抗等特征"，即兴演讲，别有一番风采。

6.2.2 如何确定即兴演讲的整体布局

即兴演讲要特别注意结构的整体布局。即把握好表达的内部组织构造。简单地说，整体布局主要是考虑表达的主体材料放在何处？次要材料放在哪里？要讲几个部分？是按时间顺序，还是空间顺序表达？是先总说后分说，还是先分说后总说？是递进式还是并列式？以及怎样开头，怎样结尾，怎样过渡？

整体布局要考虑主题的要求与材料的储备情况，要完整、严密、自然、生动，不可太死板，人云亦云，缺少变化。

整体布局可采取以下四种方式。

1. 纵式

即兴演讲所要表达的开头、中间和结尾三个层次的内容，如果是有时间先后紧密衔接的关系，可以运用纵式结构。这是一种便于表达的结构方式，即兴述说一则故事、经历等均可采用。

2. 横式

即兴演讲横式布局是把若干地位大致相等的事物或问题，或同一事物或问题中并列的类别或侧面排列在一起而形成的一种结构方式。

3. 总分式

即兴演讲所要表达的开头和结尾有一处与中间层次具有总体与局部、整体与个别或一般与特殊的关系，这种即兴表达结构属于总分式。运用总分式时可以采用先总后分、先分后总、前后总中间分的方式。

4. 递进式

递进式是指将表达中两个以上的层次排列成从浅到深、从低到高、从小到大、从轻到重层层递进的方式。它被广泛运用于即兴演讲中。革命导师恩格斯的著名演讲《在马克思墓前的讲话》就是运用递进式一步步地推出主题，表达情感的。

6.2.3 即兴演讲如何选材

即兴演讲时，主题及布局确定后，快速选材与组材显得更为艰难与重要。反映主题，没有材料不行，选材不当也不行。从内容角度来说，材料可分为客观性材料与主观性材料。客观性材料即客观事实，带有实体性。它包括具体的事件、人物、景物、器具、数据等；主观性材料，即人们的认识与观点，带有观念性，包括理论、常识、看法、想法等。根据即兴演讲的特点，选材时要注意具体性、客观性与可行性，尽量选取具有明显个性、高度概括、客观实在、灵活生动的材料。

即兴演讲以精短为妙，因此，选材时要做到少而精，短而严，从切题、典型、新颖等方面考虑材料取舍。

选材的方法很多，下面介绍两种常用的技法。

1. 摘取法

摘取法是从相对独立完整的某则材料中，选用一点或几点与主题有关的只言片语的一种方法。它可以引用被摘取内容的原文或取其原意，对于选用的原文或原意进行概括或压缩，这种方式主要运用于即兴表达的叙述或议论中。由于是即兴所取，很难全面清晰地记清原文，运用时要灵活点，可采用"记得某人说过"或"曾在某书上读到过"等话概括。

2. 截取法

这是一种从一则相对独立完整的总体或整体材料中选用某一方面材料的方法。截取法分为纵截法与横截法。前者是从具有较完整的事物材料中，取用其形成过程中某一阶段的材料；后者是指从事物总体或整体中并列存在的多个侧面里选用其某一方面的材料。

除以上两种方法之外还可从即兴演讲的场合里找话题。例如，闻一多先生在一次纪念"五四"运动学生夜间集会上发表了即兴演讲，他借助了当时的场景，说："我们的会开得很成功！朋友们，你们看（他指着刚从云缝里钻出来的月亮）月亮升起来了，黑暗过去了，光明在望了，但是，乌云还等在旁边，随时还会把月亮盖住……"闻先生借景发挥，深刻而形象地表达了革命者对前途的坚定信念和对形势的清醒认识。即兴演讲也可以从听众身上、其他演讲者身上进行选材等。无论是哪种选材方式都要做到为主题服务，只有能突出主题的材料才是有价值的材料。

6.2.4 如何在即兴演讲中使用口语

1860年，林肯竞选总统时发表了下面一段风趣幽默的竞选词。

有人打电话问我有多少银子，我告诉他们我是一个穷棒子。我有一位妻子和儿子，他们才是我的无价银子。我租了一间房子，房子里有一张桌子和三把椅子。墙角一个柜子，柜子里的书值得我读一辈子。我的脸又瘦又长且长满胡子，我不会发福而挺着大肚子，我没有什么可以庇荫的伞，唯一可以依靠的是你们！

这段话类似于一首百子歌，通俗易懂，生动浅显。1861年至1865年的美国南北战争期间，伦敦的《星期六评论报》告诉读者："美国人民有一个十分优越的条件，就是他们现在的总统不仅是一位可敬的国家元首，还是全国第一位爱开玩笑的人。"

即兴演讲时要多用贴近人民现实生活的自然轻快、通俗易懂的口语，如多选用儿化名词、象声词、叠音词、语气词、民谚、歇后语等。可以通过下列方法使表达口语化：

少用文言词，多用现代词汇；少用方言词，多用通用词汇；

少用书面语，多用口语词汇；少用抽象语，多用形象词汇；

少用学术语，多用普通词汇；少用连接词，多用动态词汇；

少用成语，多用俗语。

但是，在即兴演讲时，要多用通俗易懂的口语并不代表在演讲中口语运用得越多越好。要想使你的即兴演讲能引起听众注意，求得听众共鸣，最要紧的是语言字字闪光，句句有力。虽然不能像机关炮，扫射得听众头冒金星，丈二金刚摸不到头，但也不能言语拖沓，表达紊乱，口头禅充斥全篇。

口语中常见的口头禅比如："好像""也许""说不定""大概""大约""或许是""反正吧""太那个了""怎么说呢""这个""那个""那么""就是""是不是""对不对""嗯""啊""吧""好吗""行吗""我觉得"等。

这些口头禅会削弱表达的效果，影响听众的情绪。口头禅会使个别语句反复出现，破坏语言结构，使语言断断续续，前后不连贯；每一次口头禅的出现，等于一次切割，把整个过程切得支离破碎，给人以断续、离散之感。口头禅是一种相似的模式，令听众觉得平淡、枯燥。有人把口头禅比喻为"语言的肿瘤"是有道理的，尤其是一些"粗乱差"口头禅更是要彻底根除。

口头禅形成的主要原因是词语偏用、语汇贫乏、习惯模仿等。我们既然认识到了口头禅的坏处，就要努力戒掉口头禅。而这只有通过演讲者不断训练自己，通过提高文学修养，扩大词汇量，改正不良语言习惯等多方面的努力，才能达到理想的效果。罗马不是一天建成的，口头禅也不是一天能够戒掉的。但是，只要我们坚持不懈，就一定会到达成功的彼岸。

6.2.5 如何使即兴演讲内容更具吸引力

即兴演讲时，演讲者面向听众，不能以"我讲你听"的态度来体现，这样难免会把演讲者与听众对立起来，使听众与演讲者之间有一道不可逾越的鸿沟。而应刻意把与听众的距离拉近些，以期达到心理相容。这样，听众更乐于听演讲者讲话，演讲也更容易取得成功。可以说一次成功的演讲与听众的配合是分不开的。

即兴演讲仅仅靠拉近和听众的距离是不够的，还要让演讲的内容更加丰富，更具有吸引力。那么，如何才能做到让演讲更加丰富、饱满，富有生命力和感染力呢？下面介绍两种常用的方法。

1. 让数字为即兴演讲增辉

在古今中外的诸多言语表达中，一个个、一串串、一组组的数字在其中发挥着奇妙的作用。这不仅取决于数字的清楚、明白，也取决于数字说服力强、表达准确，还取决于数字运用于广泛的领域，很少受时空、形式等外界因素的限制，可以纵比也可以横比。数字宛如一颗颗晶莹透明的星座，散发着奇异的魅力。

目前，我国的教育状况还远远落后于四化建设的需要。资料告诉我们：我国每一万人口中，能跻身于大学这个高等学府的仅13人，在同样的人口中，美国有512人，日本有207人，就连印度也有51人。不仅如此，在一万人口中，我们还有两千多个文盲、半文盲。

在这段话中出现了7处数字，很清楚地表达了教育事业的落后，告诉人们应该重视教育，重视人才。

数字运用要准确、精当，不能含混、模糊，也不能想当然。不用"大致""大约""可能""好像是"等。请看下面例句。

"他是一个清贫的平凡者，他家里的整个现代化家当听人说只有三件：一台九英寸的黑白电视机，一台半导体收音机，一台单桶洗衣机。"

其中的"听人说"大大削弱了数字的力度。

运用数字时，应尽量对数字进行形象性的解释，帮助听众进行感性的思维和理解。请看下面例句。

在兽性发作的一个多月中，日本侵略军在南京屠杀了30多万中国人！30多万个人排起来，可以从杭州连到南京！30万个人的肉体，能堆成两座37层高的金陵饭店！30多万人的血，有1 200多吨重！

与口语的应用相同，在即兴演讲时，数字运用要简洁、精巧，不要太滥、太泛。如果数字用过头，演讲内容会偏于枯燥，不但不好记还容易产生听觉错误，过犹不及就是这个道理。

2. 在即兴演讲中适当引入故事和笑话

故事和笑话情节离奇、人物鲜明、意义深远、俏皮风趣。即兴演讲时恰当地运用故事和笑话会令听众开心的同时得到启示，在轻松愉快的气氛中把演讲推向高潮。

如在一次推广普通话的即兴演讲中，有一位演讲者采用了一则笑话作为开头。

有一位武汉人到北京采购物品，这位采购员普通话说得不利索。来到商店，他看到柜台里有一种小水壶。武汉人发"小水壶"声音有点像北京音的"小媳妇儿"，而"小媳妇儿"在北京语中如果用来对未婚女性则显得不文明，售货员正好是一位年轻的姑娘。采购员问道："同志啊，你这个小水壶多少钱一个啊？"售货员听成"你这个小媳妇多少钱一个?"很不高兴,又不好发作,瞪了采购员一眼。采购员纳闷,以为对方没听清,又大声问了一声。售货员愤怒至极,大声回敬:"流氓!"采购员听成"六毛",高兴得不得了。这时其他柜台的售货员以为这边发生了什么事,都围了过来。看到这样物美价廉的小水壶,采购员手舞足蹈,大声呼喊:"太好了,太好了,你们这些小水壶我要啦!"闹得姑娘们群起而攻之。

这就是方言形成的笑话,这就是方言造成的尴尬,这就是方言产生的结果。方言阻碍了交流,方言产生了误会,方言影响了交际,大家说要不要消除方言,学好普通话?

下面掌声雷动,为这次成功的演讲奠定了坚实的听众基础。

即兴演讲时,运用笑话、故事是一个很好的方法。表达时要轻松地去体现,配以微笑、点头,表现出真情实感;要用清楚而贴切的语言,不要装腔作势;要正视听众,求得共鸣;讲之前不要忙作言过其实的应允或卑人的谦逊,过高或过低的估计都会使听众反感。在运用笑话时还要特别注重场合,一些特定的场合是不宜讲笑话的。在有些场合讲笑话不但不会使演讲成功,还会起到反效果。这一点需要特别注意。

即兴演讲的技巧还有很多,比如如何开头,如何结尾,如何和听众进行情感的沟通,如何用声音去感染听众,如何运用体态语和道具给演讲加分,如何在演讲中设置高潮,如何在演讲中运用多种修辞方法等。

总之,不论是命题演讲还是即兴演讲都是演讲方式的一种,虽然各有各的特点和适用范围,但并无彼重此轻之分,更无不可逾越的鸿沟。所以,演讲学习者切勿急功近利、好高骛远,认为命题演讲是念稿子或背稿子、装样子,是人人皆可为的没水平的表现;而即兴演讲才能体现一个人的真实口才,所以一味追求即兴演讲而竭力否定命题演讲,初登讲台就毫无准备或只拿个简单的提纲就"即兴演讲"一通,渴望出口成章、一鸣惊人,结果往往是语无伦次、纰漏百出。无论哪种演讲形式,要想取得理想的效果都与演讲者平时的努力训练不可分离。俗话说:"没有耕耘就没有收获。"世界上没有一蹴而就的成功。因此,演讲者想获得良好的演讲效果,除了坚持不懈、刻苦训练、努力培养自己的演讲能力之外,别无他法。

训练设计

1. 指出下面两段演讲中存在的问题,并加以改正

方法: 根据即兴演讲中对语言的要求,找出这段话中表述不当的部分,并遵循演讲的原则对其进行改正。力求做到语言生动、富有感染力并具有一定的个人风格。

"……我们已近而立之年，倘不好自为之，且不说能否找到人生幸福的支点，就说如此颓废懈怠，消磨时日，现代化能指日可待吗？放眼世界，时代的洪流滚滚向前，神州大地一派生机，多少个陈景润在夜以继日地攻克科学难关，多少个柳传志在费尽心机使企业摆脱困境，多少海外学子回到祖国怀抱为国效力，多少条铁路公路向远方延伸，又有多少个楼群建筑巍然崛起！啊！在这样一派大好形势下，我辈岂能无动于衷作壁上观？让我们都扬起那理想的风帆，让信念的旗帜迎风飘扬，向那光辉的彼岸前进吧！"

_____
_____
_____
_____

有人说，现在是一个看脸的时代。长得美或者帅的人都是有先天优势的。但是，美的评价标准是什么？不同人可能有不同的看法。我给大家举个例子：邹忌修八尺有余，而形貌昳丽。朝服衣冠，窥镜，谓其妻曰："我孰与城北徐公美？"其妻曰："君美甚，徐公何能及君也？"城北徐公，齐国之美丽者也。忌不自信……旦日，客从外来，与坐谈，问之客曰："吾与徐公孰美？"客曰："徐公不若君之美也。"这说明什么呢？

_____
_____
_____
_____

2. 即兴演讲训练

方法： 每 6 个人组成一个团队，并选出一名队长。团队中的每个人都要负责拟定一个即兴演讲的主题或者场景，并将其写在纸上，交给队长保管。队长需对字条进行随机编号（如数字 1～6 或字母 A～G，编号不能重复）。准备就绪后每个队员需依次从队长手中抽取一个编号，编号中的内容即为你应准备的即兴演讲题目（最后剩余的编号属于队长）。每个人的准备时间为 1 分钟。准备时间结束后，小组成员依次开始进行即兴演讲训练，除演讲者外，其他 5 人负责完成下面的演讲记录。当 6 人演讲均完成后，完成团队即兴演讲评价表（表 6-2）和个人评价表（表 6-3）。

表 6-2　团队即兴演讲评价表

演讲者姓名					
即兴演讲题目					
仪表（10分）					
肢体语言运用（10分）					
语言规范（20分）					
演讲主题突出（30分）					
内容生动富有感染力（30分）					
总分					

个人总结

审题：

演讲内容及结构：

对听众心理的了解：

技巧的运用及把握：

存在不足及改进方案：

表 6-3　个人评价表

仪表（10分）	肢体语言运用（10分）	语言规范（20分）	演讲主题突出（30分）	内容生动富有感染力（30分）	总分

第 7 章
辩论口才训练

> 训练目标

通过训练，学生熟悉辩论基本规则，掌握辩论基本方法和技巧；培养良好的记忆力、分析力、直觉力、自信力、幽默感、是非感、逻辑性、警戒性、条理性，具有良好的论辩竞技心理状态；树立在公共场合说话和发言的自信心；达到合格辩手具备的快速反应、表达流畅、语言简洁的要求。

> 辩也者，或谓之是，或谓之非，当者胜也。
> ——墨经

从语言产生开始，人类其实已经开始了辩论。因为人们要交流思想、传递情感，自然会出现观点和情感不一致的时候，而为了达到观点和情感的一致，就要去说服对方，这样就产生了辩论。人们常说，真理越辩越明。的确如此，通过辩论，人们可以辨别事物的真伪，分清是非正误，从而呼吁社会舆论去支持正确的主张或行为，斥责错误的言论或行为，进而使人们牢固树立坚持真理的观念。古今中外皆是。1922年英美两国发起了一种新的演讲比赛项目，即"国际雄辩赛"，到如今已发展到任何国家和地区，辩论也成了一种国际交流的方式。

7.1 辩论概述

7.1.1 辩论的含义

辩论，又称为论辩。《墨子·经说上》指出："辩，争彼也；辩胜，当也。"

意思是说，辩论就是人们相互之间的争论，谁正确，谁就获胜。从文字学的角度去考察，"辩"有辩论、辩解、辩明的意义，"论"则包含议论、评定之意，合起来的"辩论"即含有通过议论来评定、辩明是非之意。由此可以看出，辩论是指代表不同思想观点的各方，彼此间利用一定理由来证明自己的观点是正确的，揭露对方的观点是错误的，这样一种语言交锋的过程。简单地说，辩论就是不同思想观点之间的语言交锋。

按照通常的理解，辩论有广义和狭义两种定义。狭义的辩论，是指一种有明确目的、有准备的、不同观点的争论；而广义的辩论则是指双方或多方因观点的不同而产生的不同程度上的言语冲突，它既包括有明确目的、有准备的、不同观点的、相对正式的辩论，也包括日常生活中由某种分歧而引起的相对随意的争论。例如：

事情发生在一节硬卧车厢里。一名列车员来到一个吸烟的旅客身边。

列车员说："同志，请不要吸烟了，你没看到吗？"她用手指了指钉在门端上方的木牌，上面写着：不吸烟车厢！

旅客说："我买票的时候，没人告诉我这节车厢不准吸烟，早知道，我就不买这节车厢的票了。"

列车员说："现在我告诉你了，本节车厢里不准吸烟，要吸烟，请到通过台去吸。"

旅客说："我买的是卧铺票，而不是通过台的站票。再说，为什么别的车厢可以吸烟，唯独你这节车厢不准吸烟呢？"

列车员说："这是铁道部的规定！"

旅客说："铁道部的规定不等于法律。"

旅客甲看不过去，帮着列车员，说："公共场所吸烟污染空气，电影院就不准吸烟。"

旅客说："电影院里不准吸烟，理由是烟雾影响光线，可不是说污染空气。"

旅客乙也帮着列车员说话："不准吸烟和不准吐痰是一个道理。"

旅客说："这可不一样，随地吐痰不卫生，应该禁止；而香烟是国家卷烟厂生产的，国营商店里出售的。"

列车员见说不过这位吸烟的乘客，只好走了。旅客们七嘴八舌地议论开了。有的说列车员对，有的说吸烟的旅客对；而那位吸烟的旅客呢，依然美滋滋地吸着他的香烟。

这里，我们姑且不论这位旅客的对与错，但是，从表面上看，这位旅客在这场辩论中胜利了，而列车员失败了，尽管真理在列车员一方。

从逻辑学角度讲，辩论其实也就是论证或反驳，它由一系列议论构成。孤立的某一句话、某一个论断不能叫作辩论，辩论必须有一个过程。辩论过程一般有开始、展开、结束这三个阶段，缺少其中任何一个阶段，都不是一场完整的辩论。由此可以看出，一场完整的辩论一般应由辩题、立论者、驳论者组成。值得注意的是，辩论并不一定是持有真理的一方获胜，就如上面案例中的列车员。

辩论作为人类社会中一种特殊的交际形式，它包括"论"和"辩"两个方面。所谓"论"，是指论理，是依据一定的需要、原则分析和说明事理；所谓"辩"，是指辩驳，是依据一定的理由来驳斥某种观点。辩论是"论"与"辩"的有机统一，只论不辩不是辩论；而只辩不论，这样的辩论不存在。有辩就有论，辩的同时也就意味着论证自己观点的成立或对方观点的不成立。从这个意义上来说，辩论在本质上是一种语言的对抗艺术，是双方或多方关于同一事物的是非之争，是辩论者之间经过对某一问题的证明、质疑、辩驳，最终趋于正确认识或达到某种共同点的一种语言对抗。

7.1.2 辩论的特征

概括起来说，辩论有以下三方面的特征。

1. 立场鲜明、针锋相对

辩论者要维护的利益、阐明的观点、坚持的基本立场，在说话中不仅要据理、据实、据情，达到自圆其说，而且要驳斥对方讲话内容的偏颇、错误之处，诘难对方。这就要求辩论者在"理"的基础上，言语措辞针锋相对，尤其在原则问题上，不得含糊不清、转弯抹角、模棱两可；不然，就容易造成歧义，达不到明确的目的。这是辩论语言和与之相接近的讨论问题时的语言不同之处。如在法庭辩论中，立场、态度不鲜明的语言，是不能作为论据的；在经贸谈判中，双方要维护自己的利益，也必须鲜明地表达各自立场。

1931年10月，王若飞被敌人捕捉入狱。法院首次开庭，一个姓靳的法官劈头就问王若飞参加共产党有什么犯罪事实。王若飞轻蔑地望望靳法官，问道："你身为法官，可懂得法律？""我是问你犯罪的事实。"靳法官重复道。王若飞逼问靳法官："我先问你，什么叫犯罪？""犯罪，就是你触犯了《危害民国紧急治罪法》。"靳法官说。"什么民国？是骑在人民头上作威作福的一批强盗！所谓'紧急治罪法'，无非是保护帝国主义、大地主、大资产阶级的法律！试问制定这种法律的时候，有哪一个工人、哪一个农民、哪一个其他劳动者参加过？你们执行这种法律，只能说明它是帝国主义、买办阶级、封建势力的工具，是它们忠顺的奴仆而已！"王若飞义正词严地答辩，弄得法院院长和靳法官面红耳赤，好半天说不上话来。靳法官只好强词夺理地说："不管你这些歪理，反正你有罪！""我有什么罪？犯的是反对你们祸国殃民的罪行的'罪'！是反对你们投敌卖国的罪行的'罪'！是反对你们专制独裁、剥削人民、欺压人民、贪赃枉法的罪行的'罪'！如果你们真是英雄好汉，如果你们还有一丝一毫的天理良心，咱们就到大庭广众中去，让群众评一评理，是共产党犯罪，还是你们犯了十恶不赦的滔天罪行。""你这样的目无法纪，我们不让你到街上去煽惑群众！"王若飞说："原来你们的法律是见不得人的！"王若飞驳得靳法官张口结舌，期期艾艾地讲不下去，只好宣布退庭。

在敌人的法庭上，王若飞对敌人的"审判"针锋相对地进行辩论，揭露和驳斥了敌人的诬蔑，宣传了党的主张，把法庭当成了战场。

2. 反应迅速、发语快捷

辩论在更多的时候是"打"无准备之仗，需要临场发挥，针对对方的观点迅速进行反驳。一般你来我往，发语—思考—再发语，都十分快捷。辩论，不管是实用辩论还是赛场辩论，辩论各方都处于同一个辩论现场，彼此面对面相处，双方发语的间隔时间极其短暂，这就要求辩论者思维敏捷，对对方提出的观点或问题迅速作出反应，针锋相对地予以反驳；要能根据临场变化来选择资料和方式策略，随机应变。

3. 逻辑严密、用语精练

一位哲人曾说过这样一句话：雄辩是熊熊烈火燃烧的逻辑。辩论中强调逻辑严密，不仅要求做到对自己观点的阐述具有条理性，更重要的是运用逻辑武器，进攻对方的立论、论据、论证，揭其荒谬、避其锋芒、挫其锐气、扬己命题，充分展示语言的雄辩性。一般通过形式逻辑和辩证逻辑原理、方法体现出来。但在辩论过程中，由于有时命题立场对己不利，或材料准备不足，或对方故设逻辑难题，靠正常逻辑思维方法难以达到对己有利的目的，因而不得不采取必要的辩论逻辑方法即"诡辩的逻辑"摆脱语言困境。例如，一名外国记者曾问陈毅外长："你们是用什么武器打下美国无人驾驶高空侦察机的？"这属于国防机密。陈毅机智地回答："我们是用竹竿将其摘下来的。"通过转移话题、答非所问的方式绕过其不怀好意的诘难，还表现出陈毅外长幽默的一面。

用语精练，是指辩论者必须用简短明快的语言击中对方的要害，甚至达到"一语中的"的程度。辩论词应力求简短、犀利，因为任何一方的辩论时间都是与对方的思考时间成正比的。也就是说，一方的辩论时间越短，对方考虑辩驳的时间也就越少，给对方造成的困难也就越大。倘若一方语言冗长，必然留给对方更多的回旋余地，使对方获得充分的思考时间，并较容易抓到突破口而获胜。这是决定辩论成败的一个重要方面。

7.1.3 辩论的类型

和其他事物的分类一样，分类的标准和依据不同，分类的结果自然也就不同。根据使用频率和运用场合的不同，一般将辩论分为以下6个大类，即学术辩论、决策辩论、法庭辩论、专题辩论、模拟辩论、日常辩论。

1. 学术辩论

这是辩论活动中常见的一种形式。学术上开展不同观点、不同思想辩论的"百家争鸣"是促进科学发展、文化繁荣的重要方法。

由于主、客观两方面的限制，我们的认识是不平衡的。在各种科学领域中，必然也会存在各种不同的观点、不同的理论体系，对它们展开争鸣，就能更好地明辨是非、优劣。正确的、优秀的被发扬光大，错误的、低劣的受到抵制淘汰，这就可以使人们在各个学科中的正确认识不断地发扬光大，逐渐去认识和发现各种学科领域中客观事物的本质与规律，从而建立、巩固、发展各种正确的优秀的观点和理论体系。

在学术争鸣活动中，每一个承担辩论角色的辩者，必须具备以下三个条件。

（1）具有这一学科领域中丰富的专业知识。

（2）具有这一学科领域中独立的见解（要么有创新的见解；要么即使不是创新的，也应是对已有的知识经过消化吸收而形成自己独有的见解）。

（3）具有运用学科知识去支持、证明自己的见解，去批驳、破除对方见解的能力。

学术辩论的目的，在于探寻真理，正确地认识、掌握主观自我以及客观世界的本质和规律，并不是争什么名利，赌什么输赢。因此，辩论者一方面态度要严肃认真，既敢于坚持真理，也应该敢于在真理面前低头；另一方面也要待人和善，争辩时平心静气，不逞强，不闹意见，必须以理服人。这样才是健康正常的学术辩论，才会取得良好的效果。

2. 决策辩论

决策是人类的基本活动之一，也是一种重要的领导行为。它是人们对行动目标与手段的探索、判断和抉择。早在原始社会，当一群原始人用呼喊或高举手臂的方式，表示赞同其首领作出的某项重要建议如部落迁徙或向敌对部落发起战争等时，实际上就已经是在作决策了。

决策辩论是参与决策的人们在行动之前围绕行动目标和手段的选择而展开的辩论。决策辩论的内容一般包括目标选择和方案选择两大部分。参与决策辩论的主要对象是领导集团的决策系统和参谋系统的人员。在西方，随着资本主义议会制度的建立，围绕内政外交政策的出台，常常发生各执一词的"口舌"交锋。在社会主义新中国的历史上，围绕对农业、手工业、资本主义工商业的社会主义改造，以及粉碎"四人帮"以后，党和国家工作重点的转移、重大方针政策的制定、重大工程的动工等，也都曾在内部展开过不同程度的辩论。

3. 法庭辩论

法庭辩论是法律活动中一个重要的组成部分。诉讼活动包括两个方面：诉，是告诉、控诉；讼，是辩论是非。现代法庭的审判，辩论是法定的重要程序之一。我国刑事和民事诉讼的有关法律均有辩护制度，以确保诉讼双方的法律权利。

法庭辩论的行为准则如下。

（1）坚持"以事实为依据，以法律为准绳"的原则，辩论要实事求是，并且要依据法律条款来分析事实，既不许歪曲事实，也不许曲解法律。

（2）辩论双方都必须以理服人。凭权势、凭感情、凭伪证、凭污蔑来进行法庭辩论都是违法的。

（3）辩论双方的辩论语言要合乎法规要求。这表现为：一方面，辩论者要具备法律允许的言语资格，也就是说，其具有法律承认的可以进行法庭辩论的身份；另一方面，辩论言语必须具有法律依据，它不能像日常用语那样带有随意性，而必须受法规制约。

（4）辩论双方都必须自觉遵守法庭纪律，辩论必须符合法律程序。不该发言时绝不能发言。辩论发言必须围绕辩论中心，不得偏离或岔开，更不能使用"套""诱"等不正当的手段。

（5）法庭辩论实行均等原则。此一方发言一次，彼一方也应发言一次；辩论双方，倘有许多辩论者，任何一方都不得由许多辩论者连续发言，而每一次只能对等地由一个辩论者发言；双方谁也不能中途打断对方而抢先发言。

4. 专题辩论

专题辩论，是指在专门场合进行的有特定议题的辩论，如毕业答辩、联合国大会辩论、美国总统竞选中的电视辩论、各种谈判中所发生的辩论等。

专题辩论的形成标志着当今的人类文明已进入了一个激烈的智力竞争的时代。竞争的武器由金属制成的枪和剑转变为唇枪舌剑的辩论。很多国家的总统竞选中，都有"电视辩论"节目，这为人民把辩论能力作为衡量总统才能的综合性指标创造了条件。

5. 模拟辩论

模拟辩论是指将辩论作为一种比赛项目来进行的演练活动，它是专题辩论的模拟。模拟辩论源于1922年的"国际雄辩运动"，由英美有识之士发起和组织，参加"国际雄辩大赛"的多为各国大学的学生。

模拟辩论具有竞技的特点，它并不十分强调辩论者的立场、观点的正确与否，而比较突出辩论技巧的竞赛。辩论比赛是一种有组织的活动，有主办单位，有一定的活动目的，有一定的活动规则，对参加的单位和人员的各方面条件都有一定的要求，如大学生辩论比赛的参赛单位必须是高等院校，参加者在年龄上就有严格的限制。

近年来，国内外的辩论比赛日渐增多，并受到广大群众的注目，引起许多人的兴趣。这是因为辩论比赛可以产生各种各样的社会影响，可以利用这种活动达到各种各样的目的。比如国际间、国内各单位间的辩论比赛，可以沟通理解，增进友谊；中国人用外语或外国人用汉语进行辩论比赛，可以锻炼语言思维能力和表达能力；不少单位的领导者也越来越意识到可以利用这种活动，作为开展政治思想工作的一种方法和手段……

辩论比赛是一种具有表演性质的比赛活动，赛场有观众参加，他们可以欣赏和评判参赛者的口才、技巧、气质、胆识等。一场精彩的辩论比赛，不仅可以使观众获得知识，增长见闻，而且还可以得到娱乐。赛场上有辩论主持人，负责组织辩论；还有评判员，他们一般由参赛双方公推的擅长辞令又公正负责的行家担任，人数三人至五人或更多一些，为了表决方便，多为单数。他们要按照一定的规则和程序为参赛辩者评判分数，以定胜负。赛场上还有记时员，因为参赛辩论者的发言都有一定的时间限制，记时员要负责统计时间。为了统计得更准确，有时还可安排正、副记时员。辩论比赛的辩题是特定的，一般由比赛组织者确定，也可由参赛双方共同磋商确定。辩题必须具有现实意义，又要有较强的可辩性，易于在辩论中展开。参赛的双方，一般称为正方和反方（或称 A 方、B 方），经抽签决定。这就确定了对辩题持肯定或否定观点的对立两方。其实，抽签决定的正方、反方并不一定代表那些辩者的真正观点，即已抽到某一方，即使与自己的真实观点相悖，也必须努力去扮演好抽到的辩论角色。比赛分规则辩论和自由辩论两个阶段。规则辩论由正反双方轮流派一名代表依次按规定的时间发言；自由辩论不按顺序，自由发言。

模拟辩论的战术，大体有四种：论——对我方观点进行的阐述；驳——对对方观点进行的反驳；护——对遭到对方驳斥的我方观点进行辩护；接——对对方言论的接对。

模拟辩论顺序一般为：起——提纲挈领地概述我方论点；承——（对方反驳后）进一步阐述，发挥我方论点的核心部分，并用事实向对方提出责难，发起攻击；转——（待对方三辩陈述完毕后）一方面巩固和扩大责难，发起攻击，另一方面固守我方"阵地"，不给对方以可乘之机；合——对我方的论点、论据作归纳总结。

6. 日常辩论

这是在日常生活和工作中，由于临时遇到对问题的见解产生分歧，而自然引发的辩论。它是经常发生的辩论行为。

这种辩论没有预定性，随时可能发生，辩论的随意性非常强，可能从天扯到地，从古论到今，有时论题旁通斜出，几乎无法事前准备。

> 训练设计

情景模拟：

文中列车员与吸烟的旅客之间展开了一场辩论，尽管列车员是对的，但并没有在这场辩论中获胜。请重新设计这场辩论。

形式：在每组中推选两名同学上台，分别扮演列车员和吸烟的旅客。要求：以列车员的获胜为最终结果。

另外，推选5名同学充当评委，选出优胜的组别。

7.2 辩论技巧

辩论是针对辩题展开的辩护与辩驳；而辩护与辩驳，都是围绕己方的论点进行的。除了资料的准备以及之前所论述的一些基本能力的训练之外，还需要掌握辩论的基本要求与技巧，这样才能在赛场风云变幻中立于不败之地。

7.2.1 辩论的基本方法

论辩是一种语言化的思想理论交锋，它所论及的事物范围可谓广泛而深远，对具体论题要采取具体的论辩方法，所以其方法也是种类繁多，很难一一列举。但是，由于论辩是一种建立在思辨科学基础上的语言活动，因而它完全可以根据人们一般的思维、论证规律，归纳出基本的论辩方法。

1. 唯物辩证法

唯物辩证法为论辩提供了一种科学分析命题矛盾的方法，即对立统一规律。论辩总是要有胜有负，因而人们对论辩的命题往往认为不是对就是错，不是有就是无。然而，一些涉及哲学问题的矛盾命题，并不能这样简单、绝对地分析。如"无私奉献和按劳取酬不相矛盾"的命题，若是将"无私奉献"和"按劳取酬"当作分配范畴里的一对矛盾，那么它们在现阶段则是对立地存在于一个统一体中，相辅相成，并依一定条件而发展变化。有的辩论者为了取胜，采取全面肯定或全面否定的方法，就犯了片面性的错误。列宁曾指出，辩证法就是"在对立面的统一中把握对立面"。所以，在辩论哲学范畴的命题时，要树立共生观、主导观、总体观、发展观四个观点。这是因为复杂事物的产生和发展往往是得失并存的；几种要素之中总有主次之分；论辩中要从大局着眼，全面权衡利弊；还要做到从发展的和前进的角度来分析命题。

2. 逻辑推理法

在传统的思维能力的锻炼中，人们极为重视推理，推理的特点是具有严密的逻辑性。论辩和思维自古就是一对孪生兄弟。

逻辑推理法主要是通过研究思维形式的结构来确定一项判断或推理是否成立，或者它所判断或推理的事物的具体内容是什么意思。

一个正确的论证既要内容真实，又要形式正确。如有这样一个三段论：开车要注意交通安全，我不开车，所以我不用注意交通安全。

这个推理的错误在于两个前提的内容是真实的，但由于其大前提"开车要注意交通安全"是肯定材料，其谓项"注意交通安全"是不周延的（不仅开车的人要注意交通安全，骑车者、行人也都要注意交通安全），其结论"我不用注意交通安全"是否定判断，谓项"注意交通安全"是周延的，这就违背了三段论在前提中不周延的项在结论中不得周延的规则。熟练掌握逻辑推理的分析方法，不但能在辩论中自圆其说，顺理成章，而且可及时发现对方的逻辑错误。

3. 公理分析法

公理就是人们所公认的正确道理，包括一般性的公理、原理、定理、原则、法则、法律、条约等。以公理作为论据进行论证无疑具有很强的说服力。而在生活中，在相当多的辩论题目中，涉及的公理不明确或有多种相关规定可以选择，这就要采用公理分析的方法。

应用公理作为论据要遵守关于论据的三个原则。

1）作为论据的道理必须确凿

应用公理分析法进行论证，作为论据的公理或原则等必须确凿，不能虚假。如果作为论据的道理是捏造的谎言，一旦谎言被揭穿，所进行的论证就会被彻底推翻。

2）作为论据的道理必须充足

应用公理分析法论证，作为论据的道理或原则必须全面充分，不能不足。如果作为论据的道理或原则是片面的，所论证的论题就容易被推翻。

3）作为论据的道理必须扣题

应用公理分析法论证，作为论据的道理或原则必须和论题有内在联系，不能离题。如果作为论据的道理或原则与论题毫不相干，所进行的论证是无法使人信服的。

4. 语言感染法

在对一些尚无定论的论题进行辩论时，辩论双方往往根据原有的现成文献观点进行辩论，这往往使双方陷入僵持状态。这时语言能力的高低，能否感染听众就将决定辩论胜负。美国曾有一场轰动全国的"康妮起诉全国通用汽车公司案"，案情如下。

康妮于一年冬天横穿马路时滑倒，身体正好被通用汽车公司生产的汽车的后轮碾过，四肢都截肢，只剩躯干，她曾多次提出起诉，但因说不清究竟是不是自己滑入后轮而败诉，陷入绝望。她的律师詹妮芙发现：通用汽车近来共出过90多次车祸事故，都是急刹车后，车子在原地转半个圈。她通过验证发现：这种汽车的制动系统有缺陷，而被告在先前的审理中隐瞒了上述事实。据此，詹妮芙再次提出诉讼，要全国通用汽车公司赔偿康妮500万美元。不料，原告在开庭前受到惊吓，不能出庭，詹妮芙只能单枪匹马面对实力雄厚的全国通用汽车公司。被告的代理律师马格雷一开始就讲述了"那位可怜而年轻的姑娘"所遭受的灾难，他把詹妮芙打算讲的话都讲到了。他在谈到那次事故时，引用现场调查的材料把责任完全推给康妮"在冰上滑了一跤"。同时，他还嘲弄原告要求的巨额赔偿只不过是想敲诈，故意说："康妮今天不来法庭，是因为她不敢面对你们大家。她知道自己的做法是不道德的。"马格雷律师以其犀利的口才设法使法庭相信：原告虽然令人同情，却没有要求赔偿的理由，更何况是巨额赔偿。在现场气氛极为不利的情况下，詹妮芙开始了她的陈述："我的可敬的同行已经告诉诸位，康妮在审判期间将不到庭，这话没错。"说着，詹妮芙指了指原告席上空着的位子，"康妮如果出庭的话，那便是她坐的地方，不过不是坐在那椅子上，而是坐在一张特制的轮椅中……马格雷先生能言善辩，在他滔滔不绝地讲述时，我一直在洗耳恭听着。我要告诉诸位，我被他的话深深地打动了。一个缺臂断腿的24岁的姑娘竟然攻击起一家拥有数十亿美元的汽车公司来，这实在使我感到难过。这个女子此时正在家里望着，她爱财如命，一心等待着接到一个电话，通知她已经成为富翁。"说到这里，詹妮芙的声音突然变得低沉了，"可是她成为富翁以后能干什么呢？上街去买钻石戒指吗？可她没有手啊！买舞鞋吗？她没有脚啊！添置她永远没法穿着的华丽时装？购置一辆高级轿车把她送到舞会上去吗？可谁也不会邀请她去跳舞啊！请诸位想一想吧，她用这笔钱到底能换取什么欢乐呢？"

詹妮芙律师的语调时而低沉，时而激昂，讲到动情处，她的喉咙不禁又像被什么东西堵住了似的，她的双眼噙满了泪花。最后当詹妮芙一边放一段原告康妮生活片段的录像片，一边不带任何感情色彩地解说时，观众们已根本无法控制自己的情绪。因为这是一个真实的、毫无掩饰的恐惧故事，观众在影片中可以看到一个标致的断臂断腿的年轻姑娘，她早上被人从床上抱起，背到厕所里，像一个婴孩似的由人帮着洗脸、洗澡、喂食、穿衣……

法庭上忽然响起了哭泣声、跺脚声和责骂声。此时，詹妮芙陈述的语气依旧平静而真诚："马格雷先生这一辈子从来没有一次见到过500万美元，我也没有见过。但是我要向你们讲明，如果我把500万美元的现钞赠给你们中的任何一位，而作为交换的唯一条件是砍去你的双手和双脚。这样，我想500万美元也未必见得就是一笔可观的收益了。"

陪审团经过长时间的讨论后询问詹妮芙,能否判给高于原告所要求的赔偿总额。第二天,各大报纸上刊登出诉讼结果,均用大标题:"胜诉——600万"。

7.2.2 论证方法

论证,就是以具有说服力的证据,通过推理来证明己方正面阐述的论点正确,是"立论"的过程。辩论者在论证中所使用的论据是多种多样的,据其性质及其与论点之间的关系,归纳起来,一般有三种,即事实论据、理论论据、类比论据。论辩者在论证中常用的推理方式一般也有三种,即归纳推理、演绎推理、类比推理。论证所循的方向,最常见的有两种:一种是直接从正面展开论述;另一种是从反面展开论述,即努力证明与本论正相反的论点的错误,从而间接证明本论的正确。这就是通常所说的正面论述和反面论述。

基于上述意义,所谓论证方法,是指辩论者根据论题的不同,以及所掌握的论据情况而确定的,在辩论中具体使用何种论据,采用哪种推理方式,从哪一方面展开论述的阶段性论证的整体结构形式。

论辩中的论证方法主要有四种,即例证法、引证法、喻证法、反证法。

1. 例证法

例证,就是举例证明论点,这是一种直接列举与所论的问题密切相关的事实,从正面证明己方论点的论证方法。这种方法在论证中运用得极为广泛,在辩驳中也十分重要。司法实践中,公诉人对被告人的起诉,一般都是首先运用例证法,列举犯罪事实,证明被告人的行为已构成犯罪,然后再运用引证法,对照法律条文建议定罪量刑。下面是运用例证法应该注意的几个问题。

首先,要避免"有例无证",即所举事例必须具有证明力,必须是与所要说明的问题密切相关的典型事实。比如,举某甲的弟弟某乙偷自行车或者某甲拾到手表未交还失主为例,来证明某甲有盗窃行为,都是没有说服力的。

其次,要避免"有例无论",即列举了说服力很强的事例,还需要加以必要的论述,阐明例证与论点之间的关系。

最后,要适当掌握所用例证的数量。有时,只需举一个例子就可以充分证明论点。如季米特洛夫在法庭上仅举了证人卡尔万尼在被德国共产党开除后曾盗窃过工会资金四万马克这一个例子,便使人们充分了解到卡尔万尼的不诚实,从而对他证词的真实性产生怀疑。有时,为了充分说明一个问题需要举两个或更多的例子。总而言之,根据问题涉及的范围,所列例证的数量必须足以证明所要说明的问题。

2. 引证法

引证法的主要特征是引用辩论双方均无异议的科学公理、法律条文、哲理名言、历史事实或者对方在辩论中使用的观点和论据,通过演绎推理,来证明己方的观点正确。引证法使用得当，便会具有不可动摇的证明力。

使用引证法应注意所引用的理论性论据首先必须是论辩双方公认的；其次，必须与己方所要阐述的观点之间具有不相矛盾的内在联系。

3. 喻证法

喻证法也叫类比法，它是把本质上具有相同或相似之处的事物放在一起进行比较，在比较中通过揭示已知的某一事物的某一属性，从而说明另一事物也具有某一属性的一种论证方法。这种论证方法是一边比喻，一边证明，通过一些寓言故事或打比方的方法，运用类比推理的逻辑手段，推出一个道理来，具有活泼生动的特点。一些用例证法或引证法一时很难讲清楚的问题，可以用喻证法生动形象地使听众准确领悟。

例如，德国女数学家爱米·诺德获得博士学位后还不能立即开课，因为她没有取得讲师资格，但她的才华得到从事广义相对论研究的希尔伯特教授的赏识。在一次教授会议上，一位教授说："怎么能让女人当讲师呢？如果她做了讲师，以后就要成为教授，甚至进入大学评议会。难道能允许一个女人进入大学最高学术机构吗？"希尔伯特教授反驳道："先生们，候选人的性别绝不应该成为反对她当讲师的理由，我请先生们注意：大学评议会，毕竟不是澡堂！"

在这里，"大学评议会，毕竟不是澡堂"就是喻证法，它掷地有声，铿锵作响，驳得对方哑口无言。

4. 反证法

这是一种从反面论证己方观点的方法。这种方法必须首先提出要证明的正面论题，然后立出与所要证明的原论题相对立的反面论题，接着运用例证法、引证法、归谬法等方法证明这个反面论题是假的，即加以否定，从而根据形式逻辑的排中律，反面证明己方的原论题是正确的。在自己的观点难以找到确实充分的证据来加以证明时，用反证法来论证，同样能取得说服别人的效果。

7.2.3 进攻技巧

辩论交锋中，进攻是夺取胜利的主要手段，没有进攻就没有胜利。所谓辩论进攻，就是运用反驳方式，对准论敌要害进行诘问批驳，揭露对方命题的错误，征服对手，夺取胜利。

1. 先发制人

先发制人，也就是抢先一步，紧紧抓住主动权，占据场上的优势。先发制人，需要思维敏捷，抓住机会，快速进攻，争夺到主动权。

要想先发制人，可以从以下三个方面下手。

（1）争取人心。得人心者胜，失人心者败。因此，先争取到人心就是先发制人。

（2）争夺定义权。好的定义犹如一面旗帜，谁把它抢在手，谁就可以占据制高点，给最终的胜利增加重重的砝码。

（3）先对辩题进行曲解。利用定义的优先权，先对辩题曲解，使己方有利。

南京大学队曾与河海大学队进行一局"热身赛"，辩题是关于"实施环境保护会降低经济增长速度"。

对于这个辩题，持正方立场者在辩论中很容易陷入不要搞环境保护的困境中，显然，这是有悖于常识和大众情感的。为防止被动，正方队员一上场就立即声明："我们是环境保护的坚定拥护者，我们希望既保护了环境，又增长了经济。但是鱼和熊掌二者不可兼得。为了人类的生存和发展，为了子孙后代的幸福，我们主张宁可适当降低经济增长速度，也要保护好环境。"

几句话的声明演讲，一下子就把评委和观众的心给抓了过去，获得了支持。

第三届亚洲大专辩论赛有一道辩题：考试制度是衡量个人才智的最佳途径。

关于这一辩题，作为正方的香港中文大学队利用定义的优先权紧抓"最佳"一词而大做文章，把"最佳"定义为适用范围最广泛、最普遍、操作起来最方便、评价效果最客观，因此这就足以应付反方的批驳了。

可见，好的定义是己方论辩的出发点，是建筑辩论堡垒的基石。争夺定义权，可以说是关键之举。

那么，如何先发制人呢？

首先，申明自己的观点，立场要坚定。如果是顺应大众情感，更应如此；如果是有悖大众情感，应该对辩题先定义、曲解。请记住，反面的东西一定有正面肯定的地方，你需要的就是找到它，并申明自己支持这一点。

其次，不要强词夺理。如果对方已抢先一步，己方则应"退一步"，以退为进，如在"实施环境保护会降低经济增长速度"这一辩题里辩者所作的"以退为进"：

"……同样，从现象、局部、暂时上看，实施环境保护似乎会降低经济增长速度；但是从本质、总体、长远上看，实施环境保护不仅不会降低经济增长速度，反而会提高经济增长速度。"

2. 后发制人

在辩论中，当本方对对方的意图不甚了解，或出于战略考虑，并不急于展开进攻；相反，对方自恃优势，锋芒毕露，咄咄逼人。此时，本方则从容迎战，先稳住阵脚，然后视战况发展，瞅准时机和突击点后发制人，充分施展攻击技巧，组织反攻，毕其功于一役，制服对手。这是一种先守后攻的战法，通常在敌强我弱的复杂态势下，看准了再打，一旦出手就打到其痛处，往往能以弱击强，以劣胜优。

运用此法要把握以下四点。

1) 细察漏洞，抓住猛击

在辩论中，当对方气势汹汹，频频出击，以为得计时，本方应着力发现和捕捉对方立论或论据中的不实之处，一旦捕捉，便相机揭露之，置对方于困境。例如，在法庭辩论中，有时发现对方提出一些没有法律依据的论点，本方便可追问对方的法律依据，迫使对方缄口认输。

2) 借言反驳，请君入瓮

在辩论中，当对方恣意进攻、慷慨陈词时，本方应悉心倾听，捕捉其言词中与己有利的内容，拿来为我所用，以便"以子之矛，攻子之盾"，进行反驳。这是一种"接过石头打人"的战法，十分讨巧而有力。

如在"愚公移山还是搬家"的辩论中，正方举例说明本方观点：

北京窦店村原是著名的穷地方，"顶天立地男子汉，不如母鸡下个蛋"。然而靠着愚公移山精神，窦店村人民与天斗，与地斗，征服自然，发展多种经营，终于成为闻名海内外的富裕新农村。

对方辩友听了这些，又作何感想呢？反方辩手应答：

窦店村人民走上致富之路是移山填海带来的吗？他们移走了哪座山，填了哪条河呢？窦店村能有此繁荣富足的景象，不正是他们开放搞活，搬家流动，走出去闯市场，返回来建家园所换来的吗？这不是搬家思维又是什么呢？

反方把对方的论据巧妙一变，纳入本方观点之下，使对方弄巧成拙。如此夺过对方手中的刀子，杀伤对方，令对方猝不及防，效果极妙。

3) 仿照还击，巧封敌口

在辩论中，当对方提出谬论进行狡辩时，本方可按照对方的思路和语言，仿造出一个相反且对方难以接受的观点相还击，在鲜明的对比之中，暴露对方的谬误，让对方有口难辩。请看下面一则事例：

在某汽车站候车室内，一个青年把痰吐在洁白的墙壁上，管理人员对他说："同志，不准随地吐痰的标语你看到了吗？"青年辩解道："看到了，我吐痰到墙上，不是吐在地上。"管理人员说："如果依你的说法，那么我有痰就可以吐到你的衣服上了。因为衣服也不是'地上'。"青年哑口无言，只得认罚。

这就是一种仿照对方思路再造一个与对方论点相左的炮弹进行反驳的方法。

4) 后亮底牌，断其退路

在辩论交锋中，摸准对方的心理弱点或顾忌，在最后时刻抛出制敌的底牌，给以轰击，对方必然改弦更张，低头认错。

比如，在一架我国民航班机上，空姐面带微笑为乘客提供服务；而两个外国女郎态度十分傲慢骄横，对空姐的服务故意挑剔，空姐不予计较。当空姐为乘客送饮料、点心时，她们对送给她们的可口可乐，还没有喝就说味道不正，其中一个女郎还把可口可乐泼在空姐的身上。空姐忍住愤怒，把可口可乐瓶子递给女郎叫她们看，然后说："小姐，你说得很对，这'可口可乐'可能有问题。可是这'可口可乐'是贵国的原装产品，也许贵国这家公司的'可口可乐'都是有问题的。我很乐意效劳，将这瓶饮料连同你们的芳名及在贵国的地址一起寄到这家公司。我想他们肯定会登门道歉，并将此事在贵国的报纸上大加渲染的。"此言一出，两位女郎顿时目瞪口呆。她们大约知道事情闹大了，说不定这家公司会走上法庭，控告她们诋毁公司名誉，后果不堪设想。于是，她们再不敢对垒，转而赔礼道歉。

3. 连续突击

在辩论中，当本方具有强大实力，足以制敌时，就可针对对手的命题，正面攻坚，以压倒敌人的气势和有力的反驳，连续突击，寸土必争，步步进逼，不使对手喘息，连克敌阵，直至把对方征服。

这种战法有很强的突击性和攻击力，在竞赛辩论的自由辩论阶段及司法辩论中常常派上用场。现举例说明。

1962年10月，联合国安理会就美苏导弹危机召开会议。在会上美国大使史蒂文森与苏联大使佐林展开一场辩论。下面是其中一段：

佐：真正威胁和平的是美国对古巴的封锁，是美国首先采取了这一战争行动！

史：有消息说，你们已经并且还将继续把武器运往古巴。

佐：我们把武器运往古巴，是应古巴政府的请求，并不针对任何人。而且这些武器都是常规性的，完全是为了防御。

史：你否认苏联在古巴已经并且还在设置中程和中远程导弹吗？

佐环顾左右，似在等候翻译。

史：你承认，还是不承认？用不着等人翻译，你懂英语。立即回答，承认还是不承认？

佐：你这是什么意思？这里是庄严的联合国讲坛，而不是美国的法庭！

史：这是世界舆论的法庭！不要回避躲闪，转移焦点。我等着你的回答。一直这样等着，等着！直到地狱封冻！

佐：对捕风捉影之说，我拒绝回答。

史：谁说是捕风捉影？

佐：你有什么证据？

史：要证据？好！我就在这里拿出证据，现在就拿出来！推进来！（这时一画架推进来，上面是古巴导弹发射场的照片）请看，这就是证据！

佐林顿时像泄了气的皮球，尴尬之极。最后，苏联不得不从古巴撤走导弹。

在这场辩论中，史蒂文森是在掌握证据的情况下，以强硬的口气，对佐林大使连续质问，步步进逼，最后在事实面前，对方只得承认。

4. 出奇制胜

在辩论中，出奇制胜，就是要冲破人们习以为常的认识范围，打破因循守旧的思维习惯，给对方以意想不到的突然袭击，取得辩论胜利的一种方法。

"奇"，一方面表现在出击时机的选择和把握上，在对方意料不到的时候，施以突然袭击，使得对方晕头转向，以取得最佳的辩论效果。有这样一则小故事：

一位阔太太为了寻开心，要三毛对着她养的哈巴狗喊爸，并说，喊一声，给一块大洋；喊十声，就给十块大洋。三毛知道这是对自己人格的污辱，但略加思索后，就躬下身去，一边抚摸着狗毛，一边连叫了十声"爸"。这一下，可把那位妖里妖气的阔太太乐坏了，她真的赏给了三毛十块大洋。正当她乐不可支之际，三毛当着一群赶来看热闹的人，故意提高嗓门，拉长声音向阔太太喊道："谢谢你的大洋了，妈！"看热闹的人无不称赞三毛的机智和辩才。

三毛选准对方正在得意忘形、乐不可支这一时机，突然出击，对方猝不及防，陷入困境。

5. 釜底抽薪

刁钻的选择性提问，是许多辩手惯用的进攻招式之一。通常，这种提问是有预谋的，它能置人于"两难"境地，无论对方作哪种选择都于己不利。对付这种提问的一个具体技法是，从对方的选择性提问中，抽出一个预设选项进行强有力的反诘，从根本上挫败对方的锐气，这种技法就是釜底抽薪。

例如，在"思想道德应该适应（超越）市场经济"的辩论中，有如下一轮交锋：

反方：……请问雷锋精神到底是无私奉献精神还是等价交换精神？

正方：对方辩友这里错误地理解了等价交换。等价交换就是说，所有的交换都要等价，但并不是说所有的事情都是在交换，雷锋还没有想到交换，当然雷锋精神谈不上等价了。（全场掌声）

反方：那我还要请问对方辩友，我们的思想道德的核心是为人民服务的精神，还是求利的精神？

正方：为人民服务难道不是市场经济的要求吗？（掌声）

双方的第一回合中，反方有请君入瓮之意，有备而来。显然，正方如果以定式思维被动答问，就难以应对反方预设的"两难"：选择前者，则刚好证明了反方"思想道德应该超越市场经济"的观点；而选择后者，则有悖于事实，更是差之千里。但是，正方辩手却跳出了反方非此即彼的框框设定，反过来单刀直入，语锋犀利，其应变非常灵活，技法也很高明。

6. 迂回包抄

在辩论中，当正面进攻受阻，或预计到可能受阻时，就应采取迂回战术，即把进攻的出发点，选在对方难以察觉或看似无关的话题上，兜个圈子，迂回前进，最终绕到正题，打击对方的核心阵地，一举歼之。

英国外交官巴克斯十分傲慢、目空一切，可是在外交场合每当遇到棘手问题时，他总要逃避回答，说："等我和法国公使谈了以后再回答吧。"这使一些外国大使十分恼火。

有一天，日本外交官寺岛宗和西乡南洲拜见他。西乡南洲开口说道："对不起，我很冒昧地想问您一件事，贵国到底是不是法国的属国？"

巴克斯大怒："请你停止你的说话内容，你应该知道英国不是法国的属国，英国是世界最强的君主立宪国，甚至德意志共和国也不能和英国相提并论。"

西乡南洲不动声色："我以前也认为英国是个很强大的国家，但我最近却不如此想。"

巴克斯问："为什么？"西乡南洲说："其实也没有别的事，只因我们的政府每当和你谈论到国际上的问题时，你总是说要等到你和法国公使谈后再回答。如果英国是一个真正独立的国家的话，那不应该凡事都要看法国的意见行事。在我的印象中英国好像不是法国的属国。"傲慢的巴克斯被驳得哑口无言，傲气被打掉了。

在这次辩论中，西乡南洲的话题就是通过迂回的方法，先谈及英国是否是"法国的属国"的话题，对方当即拒绝；接下去西乡南洲绕到自己产生这种看法的缘由，再点到主题，最终使对方无话可说。

迂回包抄法主要体现在进攻路线的选择上，它不是直接入题，而是避实就虚，避开对手所期待的进攻路线或目标，避开对方的注意力，选择一条对方较少防范的路径，作为进攻路线。所以，成功的迂回包抄法需要一定的伪装和"欺骗性"，要特别注意选择"进入"时的话题，最好选择对方愿意谈的话题，作为迂回的起点。对于难缠的对手，有时还要同时准备几条迂回路线，以适应变幻的敌我关系和论战形势的需要，随时使用。

7.2.4 防守技巧

在辩论中，进攻和防守是相对而言的。也就是说，进攻之中有防守，而防守之中也有进攻，防守只是针对进攻而言的。所谓防守，是指当己方遭受进攻时，以应答为主要手段，维护己方立论，巩固己方阵地的一种辩论战术形式。辩论防御大体上有两种形态：一种是主动性防御，即从辩论全局需要出发，有计划实施的防御作战，目的是确立和强化本方观点，为进攻积蓄力量；另一种是仓促性防御，即在论战对抗中，由于本方在战略谋划上失算，或在战术动作上失误，导致失利，在对手强大攻击的压力下，本方不得不采取的退守战术行动。

1. 发挥优势，积极防守

在辩论中，当己方处于防守态势时，应坚持三个原则。

第一，积极防守。辩论时防守者要能经受住打击，特别是在仓促防守的状态下，斗志不能垮，尤其是要克服消极防守的思想，要尽量用强者心态看待防守，把防守作战当成进攻的转化形式，采取得体而有力的措施，继续谋求论战的主动权。

第二，发挥优势。处于防守状态时，尤其要注意发挥己方的优势，如己方立论的优势、论据的优势、地理环境优势、辩手搭配优势等。应凭借优势，在己方的优势上突破，顶住对方的攻势，固守防线。

第三，灵活机动。辩论防守绝不能消极应战，死守阵地，而是要审时度势，机智灵活，积极创造条件，采取多种手段，与对手进行周旋。应不断变换战略战术，看准机会主动出击，彻底摆脱被动局面。如同踢足球，只有进攻才能得分，再出色的防守也只能防止对手进球，避免丢分，防守不会使己方取胜。因此，高明的辩论者，会把防守转化为进攻。

苏维埃政权建立后，有人向著名诗人马雅可夫斯基发难，说："马雅可夫斯基，你为什么手上戴戒指？这对你不合适。"诗人回答说："照你的说法，不应该戴在手上，而应该戴在鼻子上喽？"有人又贬损他的诗，说："马雅可夫斯基，你的诗不能使人沸腾，不能使人燃烧，也不能感染人。"诗人道："我的诗不是大海，不是火炉，不是鼠疫。"

这个例子中，对方的提问分明是一种挑衅，是无理的，但如果马雅可夫斯基采用正面解释的方法，就会显得消极无力。针对第一个提问，他撇开真正要他回答的内容，幽默地把话题重心转移；在回答第二个问题时，他的幽默反驳的力度由小及大，最后指出他的诗"不是鼠疫"，既维护了自己诗的尊严，又狠狠驳斥了尖刻的提问者。

2. 大智若愚，主动防守

所谓大智若愚，是指辩论者原本足智多谋，却装作很愚蠢，即智而示之以愚，能而示之不能，用这种手段来"欺骗"对手，争取主动，进而取得辩论胜利。凡是运用大智若愚方法取得辩论成功的，往往表现出一种更冷静的思考、更坚强的忍耐、更高超的辩论艺术。

在某机场售票厅里，旅客们正在排队买票。突然，一位绅士粗暴地挤到售票窗口指责售票员工作效率太慢；当人们要他排队时，他又嚷道："你们说什么？不知道我是谁？"

对此，售票员平静地问旅客说："各位，这位绅士有些健忘，已经不知道自己是谁了，不然，我想他不会做出有失身份的举动的。谁能帮助他回忆一下，他是谁呢？"

售票员的话引来了阵阵笑声，绅士羞得满脸通红，悻悻地走了。

售票员面对绅士的不文明，假装不知，实则机智幽默，大智若愚。

大智若愚是曲线型思维的结果，即采用拐弯抹角的进攻方式。因此，运用此法可以产生强大的嘲讽和幽默效果，是辩论家常用的雄辩技巧。

3. 遇窘巧辩，智言周旋

在辩论中，人们常常会遇到被侮辱、诘难或出现严重失误的场面。遇到这种情况，就需要机智、迅速而幽默地对自己的观点加以维护和解释。针对具体问题，选择奇特的角度进行解释，既可以较好地论证自己的观点，又能揭去对方论题虚假的外衣，暴露其荒谬之处。

有次，英国作家狄更斯正在钓鱼，一位陌生人走到他跟前问他道："怎么，你在钓鱼？"狄更斯不假思索地说："是啊！今天真倒霉，钓了半天，一条也没钓到；可昨天也是在这个地方，却钓到了15条鱼呢！"陌生人说："是吗？你昨天钓得很多啊！"接着他又说："那你知道我是谁吗？我是这个地方的管理员。这段江上是禁止钓鱼的！"说着，要罚狄更斯的款。狄更斯却说："那么，你知道我是谁吗？我是作家狄更斯，你不能罚我款，因为虚构故事是我的职业。"陌生人没办法，只好让狄更斯走了。

狄更斯就采用了遇窘巧辩的方法。

4. 刚柔相济，以逸待劳

在辩论时，语气和态度有时要刚——高昂激越，热血沸腾；有时要柔——态度平和，不急不躁。但更多的场合是柔中有刚，刚中有柔，刚柔相济。有时表面上语气和态度都比较缓和，而实质上表达的内容则有强硬的成分；有时表面上态度强硬，但其中又包含着委婉的说理，这就是刚柔相济法。运用刚柔相济法，往往可以取得出人意料的辩论效果。

如1990年亚洲大专辩论会关于"人类的和平共处是一个可能实现的理想"的辩论中，台湾大学队在论证其观点时出具了一个数字："全世界每一天要发生12场战争。"这个数字显然是不准确的，南京大学队以逸待劳，立即抓住漏洞，不但当即予以指出，在之后的辩论中也反复提及台湾大学队的这个不准确的数据，造成了台湾大学队的被动。

5. 示假隐真，以虚制虚

辩论时可以运用掩盖真相或本意的语言技巧，让对手产生错觉，使其无法看清我方的意图，从而达到有效防守、最终取胜的目的，这就是示假隐真。

行商杜大爷丢失50两银子，怀疑是客栈老板王四所为，告到辰溪县衙，王四一口否认。县令董仲孚派两衙役来到王四客栈，要他们对王四老婆说："客人丢失银子，你的丈夫王四已供认。现在我们来取银子，你老老实实交出来吧。"谁知王四老婆也不承认，于是带回公堂。衙役去王四客栈时，县令在王四手上写一"赢"字，然后说："你到台阶下去晒太阳，如果晒了很久，字还没有消失，你的官司就算打赢了。"

王四老婆被带上堂后，声称不知银子一事。突然县令对王四大声说："你手里的'赢'字还在不在？"王四连忙回答："在，在，'赢'字还在。"由于"赢"字与银子发音相近，王四老婆做贼心虚，误以为丈夫已招认，连忙供认："老爷恕罪，50两银子确实还在我房中马桶里面，分文不少，请派当差的随我回去拿来。"

县令成功地套出银子的关键在于制造假象，以假隐真，造成对方判断的失误，达到声东击西的效果。

6. 以谬对谬，反驳诡辩

有人说过，有辩论的地方就有诡辩的影子。诡辩者在理屈词穷之时，往往引用名言对自己的观点、论题进行证明，摆出自己与名人、与真理站在一起的架势，使对方措手不及。

如何在辩论中应对诡辩呢？对方的诡辩逻辑如果是错误的，那么，不妨顺着这个错误的逻辑，将错就错，就地取材，重新构思一个诡辩进行反驳。这就是所谓的以谬对谬的方法。

请看下面的例子：李四和张三在办公室里辩论。

李四问："金钱和道德，你选择哪一个？"

张三不假思索地答："当然选道德。难道你选金钱？"

李四说："我是选择金钱，因为我缺少金钱；你选择道德，那是因为你缺少道德。"

张三听了李四的言语，反驳说："你的话只讲对了一半。十分的道德，我已有九分，还缺少一分，所以我要选道德；万贯的家财，你已有九千贯，但你还缺少一千贯，所以你要选金钱。因此，准确地说，我选道德是因为我崇尚道德，你选金钱是因为你贪图金钱。"

通过上例不难看出，张三重义，李四重利。然而，李四为了给张三脸上抹黑，通过一个以模糊语言为核心的诡辩来嘲讽张三。这个诡辩中关键的词语"缺少"，在特定语境中是很模糊的，它包含了"缺得很多、缺得不多、缺一点点"

等方面的意思，张三的反驳针对"缺少"这一模糊的词语，用形象的语言清晰地把它量化出来，否定了自己"缺德"、李四"缺钱"的荒谬论断，最后用"崇尚"来褒扬自己对道德的追求，用"贪图"来贬斥对方对金钱的贪得无厌，驳得淋漓尽致，可以说恰到好处。

训练设计

一、按以下方法进行应对训练。

1. 自问自答。这是简便易行的应对自练形式，经常训练对口语表达能力的提高很有好处。

方法：围绕一个中心话题，自己（也可请别人）拟一套难易适中、由浅入深的问题，先将问题逐一录音，问句间留下答题所需时间，然后面对录音机的连续提问，做快速回答练习。

2. 限时答问。这种应对训练的目的是提高对突发性提问的接对反应速度。

方法：设计一组互不联系的常识性问答题，如什么动物代表澳洲？处于困境又遇生路可用什么成语表达？38只青蛙有多少条腿？……一人快速提问，另一人流畅地快速作出回答，看看在限时100秒内能够正确地回答出多少个问题。

3. 快问快答。这是一种对突发性提问快接快对的专项现代训练手段。由于提问的内容广泛，问语角度富于变化，时空跨度跳跃，要答得快、答得巧，就必须具备较好的抽象概括能力和敏捷准确的应对能力。

方法：从可以涉及的个人各方面情况设计出一种快问快答的题目。由近及远，出浅入深。问话由慢加快，对答要求短促、中肯、清晰、简洁，最好能含蓄风趣，富有哲理。

训练题如下：
你的优点是什么？

你的缺点是什么?
_____

你的爱好是什么?
_____

你最珍惜什么?
_____

你最讨厌什么?
_____

你最喜欢的警句或格言是什么?
_____

你最大的乐趣是什么?
_____

你平时经常想的是什么?
_____

你做人的信条是什么?
_____

你最大的愿望是什么?
_____

你怎样评价自己?
_____

你如何对待别人对你的流言蜚语?
_____

你如何看待"金钱是万能的"这句话?
_____

二、辩论中怎样发挥？有的人在论辩中自认为口才不错，可是却被对方很简单的问题搞得无言以对，其实像这样的回答有个套路，只要微笑着说："对方辩友问这个问题无非是想证明……（他们的辩题），但是我们发现，其实是……（说自己的理论）。"请两人为一组合练习此辩驳方式。

问：_____
驳：_____
问：_____
驳：_____
问：_____
驳：_____

三、请作避实就虚的表达。

1. 有人说："你难道不觉得勤俭节约有些过时了?"
你说：_____

2. 有人说:"金钱是人生的通行证。"
你说:＿＿＿＿＿＿＿＿＿＿＿＿＿＿＿＿＿＿

四、限时反驳。

限时3分钟反驳练习。请以现实中的具体事例反驳下列基本知识性论断。

1. 男人比女人有力气

2. 开卷有益

3. 众人拾柴火焰高

4. 冬天比春天冷

5. 瑞雪兆丰年

6. 电脑办公会提高效率

五、应变训练。

1. 请小组成员听自己说一段话,让他们指出哪些地方有错误和漏洞,然后迅速予以补救。小组成员轮流进行。

2. 小组成员分别讲述自己遇到的处于口语表达尴尬境地的情况,然后彼此交流一下,如果处于这种境地应该如何应变。

3. 看辩论会的录像,分析双方的表现,想想你若在场上将如何攻守,怎样才可以做到无懈可击,怎样才可以做到亡羊补牢,怎样才可以做到反守为攻。

4. 讲话时突然有不速之客插入,设想该如何与之交谈。

5. 说话时突然被不大友好的插话打断,设想一下如何应对。

6. 设想别人提一些刁钻古怪的问题,该如何应变。

7. 讲述某个重要问题时,尽量广泛查阅资料,弄清理论界在这一问题上有哪些主要观点,自己倾向于哪一种,以便在讲述时有所侧重,也易于与他人的思路接轨。

8. 给下面的现象找找原因:

(1) 花木兰从军12年,别人为什么不能从她的耳孔和小脚认出她是个女子?

(2) 马路上为什么用红灯表示停止、绿灯表示通行?

六、"死里说活"练习。

"死里说活"指的是绝路逢生的独创性语智。当然,"说活"要有合乎逻辑的论证,并不是提倡诡辩。

方法:出示语题,每个语题包括两个部分,左边为"活",即合乎常情的说法;右边为"死",即似乎不合情理的说法。"静思"片刻后登台进行"说"。人人都当评委。例如:

眼见为实——眼见未必为实

水火不相容——水火可以相容

强将手下无弱兵——强将手下未必无弱兵

知足常乐——知足未必常乐

一分耕耘一分收获——一分耕耘未必有一分收获

礼尚往来——礼尚不能往来

开卷有益——开卷未必有益

_____

近朱者赤——近朱者未必赤

_____

说"活"的关键是换位思考法和多角度的审视，如"水火相容"，煤火中洒点水，火反而更旺。要对话题做些必要的限制，方可自圆其说，言之成理。

七、以下辩题中每小组任选一个，进行辩论比赛。

发掘人才需要考试 vs 发掘人才不需要考试
网络对大学生的影响利大于弊 vs 网络对大学生的影响弊大于利
宽松式管理对大学生利大于弊 vs 宽松式管理对大学生弊大于利
成大事者不拘小节 vs 成大事者也拘小节
功夫不负有心人 vs 功夫也负有心人
实行学分制利大于弊 vs 实行学分制弊大于利
文凭能代表知识水平 vs 文凭不能代表知识水平
在人生的道路上机遇更重要 vs 在人生的道路上奋斗更重要
在校大学生创业利大于弊 vs 在校大学生创业弊大于利
个性需要刻意追求 vs 个性不需要刻意追求
行成于思 vs 思成于行
美是客观存在 vs 美是主观感受
青春需要修饰 vs 青春不需要修饰
内在美能够代替外在美 vs 内在美不能代替外在美
名人效应利大于弊 vs 名人效应弊大于利
流行的一定是经典的 vs 流行的不一定是经典的
经典必定来自流行 vs 流行必定来自经典
外行能够管好内行 vs 外行不可能管好内行
治愚比治贫更重要 vs 治贫比治愚更重要
信用卡带来的利大于弊 vs 信用卡带来的弊大于利
酒香不怕巷子深 vs 酒香也怕巷子深
超前消费利大于弊 vs 超前消费弊大于利
超前消费比适时消费好 vs 适时消费比超前消费好
文明社会需要理性消费 vs 文明社会不需要理性消费
生态危机高于经济危机 vs 经济危机高于生态危机

网络购物利大于弊 vs 网络购物弊大于利
带薪休假利大于弊 vs 带薪休假弊大于利
人性本善 vs 人性本恶
钱是万恶之源 vs 钱不是万恶之源
仁者无敌 vs 勇者无敌
吃亏是福 vs 吃亏不是福
交朋友应多多益善 vs 交朋友应少而精
爱是无私的 vs 爱是自私的
男人不好女人不爱 vs 男人不坏女人不爱
爱情使人趋于理想 vs 爱情使人趋于实际
真爱只有一次 vs 真爱不止一次
爱情比事业重要 vs 事业比爱情重要
应该班门弄斧 vs 不应该班门弄斧

辩题：＿＿＿＿＿＿＿＿＿＿＿＿＿＿＿＿＿＿＿＿＿＿＿＿＿＿＿＿＿＿＿＿

辩论比赛所用表格见表7-1和表7-2。

表7-1 团体评分表

辩论队	审题（20分）	论证（20分）	辩驳（20分）	配合（20分）	辩风（20分）	总分
正方						
反方						

表7-2 个人评分表

	辩手姓名	仪表（20分）	论证（40分）	辩风（40分）	总分
正方					
	辩手姓名	仪表（20分）	论证（40分）	辩风（40分）	总分
反方					

评委姓名：

附录 A　辩论名篇赏析

2004 年全国大专辩论会

赛事背景

大决赛：生之恩重于养之恩（电子科技大学队）
　　　　　养之恩重于生之恩（暨南大学队）
正方：电子科技大学队：生之恩重于养之恩
　　　一辩：杨雯；二辩：李巍；三辩：李婕达；四辩：任崇
反方：暨南大学队：养之恩重于生之恩
　　　一辩：许莹蕾；二辩：陈明；三辩：杨薇；四辩：姜湛睿
提问嘉宾：蒋昌建：1993 年国际大专辩论会最佳辩手
　　　　　余　磊：2001 年国际大专辩论会最佳辩手
点评嘉宾：余秋雨：著名文化学者
比赛结果：冠　军：电子科技大学队
　　　　　亚　军：暨南大学队
　　　　　最佳辩手：李巍（电子科技大学队）

辩　论　词

主　席：

　　生之恩，父精母血，十月怀胎，一朝分娩，这世界上又多了一撇一捺——一个人。也许你的出生，对世界总人口来讲就是六十亿分之一，但是对你我个人而言，父母赐予的却是百分之百的生命。养之恩，含辛茹苦，牵肠挂肚，慈母手中线，游子身上衣。所以在揭示今天辩题之前我希望能够代表全世界的子女向全世界的爸爸妈妈们说一声："谢谢您，爸、妈，我爱你们！"

　　但是很遗憾的是，并不是所有的人都像你和我一样非常幸运，很多特殊的原因，使我在一些特殊的情况之下不得不把生之恩和养之恩分开来讨论。这便引出了今天的辩题。

> 开场白感动人心！

> 暗指本次辩题为虚假性辩题。

第一关 知己知彼

1. 猜测对方立论，条理清晰，言简意赅。
2. 为本方立论，观点鲜明，事实准确。

本环节满分30分。

主　席：

正方开始猜测反方立论（计时1分钟）

李婕达：

谢谢主持人，各位好。今天辩题的实质在于面对生命价值。生与养谁的意义更大？第一，对方为了有利于其论证，可能会淡化人本身生与养的价值，而忽略了人类生与养的问题；对方可能会掩盖生命的意义，加重维系生命条件的作用，认为生仅仅提供了一个起点，而养使得生命得以延续。第二，从人的本质属性看，对方会忽略生的基础作用，认为只有养能够影响人的社会性，使得人真正成为一个真正意义上的人，完成人的人生价值。第三，对方可能会淡化人的生命乃是大自然无以数计的岁月凝结成的、最璀璨的成果，将生视作仅仅一瞬间的事，而忽略了创生的重大意义；认为养无论从精神还是物质其付出都远远大于生。第四，再论证出对方可能会运用中国传统思想中生恩不如养恩重以及宣扬养恩重带来的积极社会意义来进一步支撑己方观点。猜测完毕，谢谢。

> 第一猜正确。
>
> 第二猜正确。
>
> 第三猜正确。

主　席：

下面我们有请反方派出任意辩手猜测正方立论，时间1分钟，有请反方辩手。

许莹蕾：

谢谢主持人，大家好，下面我将从四个方面猜测对方立论。第一，对方可能搞立论创新，不把生理解为生育，不把养理解为培养。而把生养两个字进行重新解释。第二，如果对方仍然把生和养理解为生育和培养的话，对方会以提供生命这个基础的重要性和生命的无价性，生的不可替代性和生的无可回报性来论证生之恩重于养之恩。第三，扩大恩的范围，将亲情联系的血缘关系也纳入了恩的范围，而回避了恩的真实含义。第四，把养的主体或过程割裂，将生的全过程和割裂后的养的一部分进行比较，进而否定社会之养，而回

> 第一猜基本正确。
>
> 第二猜正确。
>
> 第三猜错误。
>
> 第四猜正确。

避了辩题必须建立在生和养都是一个完整过程的基础之上。对方辩友的立论我们还要拭目以待。谢谢。

主　席：

双方队员猜测正确或者错误我们要看他们的立论陈词。从正方开始，3 分钟计时。请！

杨　雯：

谢谢主持人，大家好。在浩瀚的银河系中，地球在 38 亿年前一个岩浆喷涌、大雨倾盆的阵痛中分娩出了第一个生命，这让人敬畏，也让人惊奇。而人作为最具智慧的生物，其最高价值就在于他能够尊重生命。生是生命创生和保护、培养。而养呢？是指养育维持，保持生命的一个延续性的一个手段。恩是恩惠，而更是看哪一个更重要的一个评判标准。作为一个价值判断，其标准就是看，哪一个是第一性，其目的更加重要；哪一个更关键、起决定性作用，更具价值。我方认为生之恩重于养之恩。从重要性上讲，生之恩起着关键性的作用。首先，没有生就没有养。是生决定了养的所有意义。由此生是第一性，更关键。其次，生是一个不断发展、不断超越的过程。人的一生，其过程正是一个不断创生的过程。是生使物种得以延续，让生物的基因从父辈遗传到子辈，而养只是维持生命，这一过程手段无论如何都没有目的重要。再次，生不仅仅只是那一瞬间，生命的胚胎是在水中形成，它表示着生命在原生的时候，在海洋中探索过程的一个缩影，生命的价值正是大自然在上千万年间进化过程中的一个结晶。因此，它的价值远远要大于后天短暂的养育过程。生是一个物质基础，它提供了可以开花结果的条件，而养只是对精神层面的培养。物质决定精神，本位决定方向。最后，从社会价值上来看，生是无可取代的，是无以回报的。血浓于水的生之恩是天赋的权利和责任。它不可被取代，因此也是不求回报、没有带任何功利色彩的恩。多少华侨回国寻根，不求养之恩，却为报生之恩。由此可见，生之恩确实要重于养之恩。**是什么让那刹那的辉煌凝聚成了永恒？是什么让人们朝圣般顶礼膜拜？是那声嘹亮的啼哭，是那声回荡在宇宙里穿越时空的生命礼赞。费尔巴哈说："生命本身就是最大的幸福……"**

通篇简洁扼要，条例明晰。

"第一性"的说法暗合辩证唯物主义，同时也包含了孰轻孰重的区别。

此论颇勉强
类比得当。

用声情并茂的诗化语言结尾，文采斐然。

主　席：

正方时间到，下面是反方的立论陈词，时间3分钟，请。

许莹蕾：

谢谢主持人，大家好。今天我们探讨的虽然是"恩"这样一个看似情感的话题，但是我们依然要明确几个严谨的概念。首先恩意味恩情，生之恩，即父母赋予我们生命的恩情。而养之恩则包括了父母和社会养育我们的恩情。因为在养的过程中我们根本无法割裂父母与社会的联系，也无法把养的范围从社会中脱离开来，而这种应理解为更重要。由于恩是一个感性的词语，根本无法量化，因此我方认为，今天判断的标准应当基于二者谁产生的意义更为重要。

接下来我将从两个层面三个点论证我方观点。第一，从子女的受恩者的角度看，养之恩重于生之恩，父母给予我们生命，当然是一种大恩，但是只有通过养的过程才能真正体现生命的重要意义。为什么？就像是一块璞玉，只有通过后天的不断雕琢，才能形成一块真正有价值的玉。这正是所谓的"玉不琢不成器"，而这又恰恰是生所做不到的。否则人之异于禽兽者几兮。正如狼孩儿，正因为他没有人的养育，所以他才无法成为真正意义上的人。第二，从社会的层面来看，养之恩也重于生之恩。人组成了社会，人领导着社会，人发展着社会。因此，我们只有站在社会的高度对二者的重要性进行评判，这样的重要才能说明更重要。为什么？人类社会和其他任何生物群体一样，都需要延续。但是人类社会和其他生物群体不同在于它更需要发展；而发展需要的不仅仅是人，更多地需要的是人才，而我们要成为一个有用的人，靠的是什么？靠的是父母和社会的培养嘛。第三，从价值层面上看，我们不仅说养之恩重于生之恩，而且养之恩应当重于生之恩。从失足青年的反面教训中，我们看到了养的重要性，我们要呼吁父母和社会，更加重视养的过程，因为只有这样才能使子女真正实现自我的价值，进而以感恩的心态回报社会。这样的生命才有意义，在这里我想感谢父母赋予了我生命，在这里我更想感谢我的父母和社会各界对我的培养，因此我说养之恩重于生之恩。谢谢。

通篇说理性强，实事求是。

人才观为中的之说（评论）

递登门槛，层层推进。

主　席：

下面我们有请在场的九位评委老师为两支队伍在第一个环节的表现进行打分。让我们一起来看一下双方的得分情况。首先是正方，正方得分 192 分；我们再来看一下反方的得分情况，反方本轮得分 184 分。

虽然说现在反方暂时落后，但是我们反方的同学不要着急，因为我们第二个环节的名字就叫作防守反击。

> 因猜测正确，正方领先。

第二关　防守反击

1. 双方的反驳必须针对对方的立论。
2. 双方的再反驳必须针对对方的反驳。

本环节满分 30 分。

主　席：

首先由反方派出任意选手针对正方立论进行反驳。时间 1 分半钟，有请。

杨　薇：

谢谢主持人，大家好。刚才对方辩友在第一点告诉我们，因为生命的无价性，而养恩又是给人提供了一个生命的延续性，所以生恩就重于养恩。我想请问对方辩友，如果生而弃之不养他，你的恩从何而来？也就是说生提供了我们生命的起点，而养提供了生命维持和延续的东西。如果说你生了而不养，根本谈不上恩。第二，对方辩友告诉我们，因为生提供了人的物质基础，而后天养只是给了他后天的培养，因此生恩要重于养恩。我想请问对方辩友，人生下来是赋予了你的自然属性，而社会属性正是通过养的过程来实现的。狼孩儿为什么称为狼孩儿，正因为赋予了他人这个自然属性之后没有赋予他社会属性。所以说，我们不把他标为一个真正意义上的人。

> 将生恩与养恩割裂，不是对方理论，因而本方结论不对，第二说尚可。

陈　明：

补充一点，对方辩友刚才告诉我们，工具使用可以用基因的方法延续下来，对方辩友，您是不是一生下来就会学习，就会开飞机？那对方辩友，您今天不用在这里辩论了，因为你一生下来基因中就有辩论基因在里面。这样的比较合理吗？对方辩友最根本的核心问题是偷换了生和生命。他告诉我，生命比维持生命的手段重要。就好像告诉我，人比吃饭重要。这样的比较合理吗？无论是生理学上的生，还是今天的养，都是维持生命血统延续的一种手段而已。

主　席：

谢谢，我们有请正方针对反方的反驳进行再反驳。1分半钟时间，请。

李　巍：

谢谢，大家好，我回答对方的几个问题。对方第一个问题提出说生和养都不可或缺，这个我们完全同意，因为今天谈的是养也有恩，而生之恩大于养之恩、重于养之恩。第二，对方辩友说了一个开飞机的例子，我告诉对方辩友，我们生之恩注定了人出生之后，他就有开飞机的可能性，您可以想象一个猴子它经过系统培养在广汉飞行学院学了两年开飞机它就敢开飞机吗？不可能吧。所以对方辩友又提到了一个狼孩的问题，我想请大家仔细地想一下，我们大家知道人猿泰山吧，人猿泰山接回了城里，稍加培养，他就可以穿着西服打着领带到处走来走去。**可是如果一头狼，你把它放到城里经过培养，它能够成为人吗？**当然不可能，它只可能成为大狼狗。

而我们今天所谈的养，既然是人类，当然是一个复杂的系统。我们人类包括肉体的自然生命、个体的精神生命和思想的价值生命。我的老师教育我，他给了我实现自己的人格的可能，当然是给了我的精神生命，而我为社会创造条件、创造财富，我又有了价值生命，这就是人之为人最大的恩。谢谢。

主　席：

我们再有请正方针对反方的立论进行反驳。时间1分半钟，计时开始。

李婕达：

谢谢主持人，各位好。对方辩友告诉我们玉不琢不成器，然而试问一块石头任你百般雕琢它能成为美玉吗？而决定是石头和玉的差别的正是生的功绩啊。对方同学又告诉我们人的社会性只能靠养来培养。然而如果没有生提供的精神基础，人可能具备社会性吗？科学家曾经对猿猴培养，试图

| 前问牵强，结论正确。 |
| 再次区分孰轻孰重，解题准确。 |
| 轻易驳倒对方前问。 |
| 前说生为物质基础，现又说生为精神基础，自相矛盾。 |

培养其社会性,但最终归于失败。其实母亲创生你的那一刹那,正是将人类千百年来积淀的结晶传递给你,赋予你作为一个人的精神基础。对方辩友又说一切的养都高于生,似乎把养提到生之上。然而试问,为什么每个国家都将公民最基本、最重要的权利视为生命权,而对于罪犯最大的惩罚莫过于剥夺其生命权。说到底生命是本源的,其他的一切都是派生的。对方本末倒置,结论不能令人信服。下面请李巍同学为大家解释逻辑问题。

此问有力!

李　巍:

好,谢谢!我们来看逻辑,对方辩友今天告诉我们的逻辑是因为我们没有一个量化的标准,所以没法得出正确的结论。对方辩友把生和养割裂得很开,认为生只是一瞬间的活动,而养却是以后的全部。我想请问对方辩友一个很简单的问题,养和教和学是同一概念吗?当然不是啦。我们今天看就应该看本源,看哪个是因的恩,哪个是果的恩。所以,我们要系统地来看这个问题。谢谢。

攻击方向准确!

养和教和学有一定联系,这个复杂问题不能一言而蔽之。

主　席:

时间到,谢谢。我们看到反方的同学已经迫不及待地想针对正方的反驳进行再反驳啦。请。

陈　明:

第一,对方辩友刚才告诉我们,玉这个东西它本身很重要。不是雕刻重要,那么为什么我们经常说玉不琢不成器呢?第二,对方辩友告诉我们法律上的问题,说公民的基本权利,其实对方辩友又在偷换概念,他把生命又等同于生。生是一个纯粹生理学意义上的分娩过程,而我们说养是一个培养的过程。二者那是延续生命的手段。对方辩友不要在这里偷换概念。第三,对方辩友告诉我们,养不包含一个教的过程,不包含一个学习的过程,那我就不理解了,为什么中国古人告诉我们"养而不教父之过,教而不严师之惰"?这难道不能说明教养和学习是一体的吗?另外一点对方辩友谈到了法律,对方辩友,我就是学法律的,我告诉你,其实在法律上对于养父母不管他有没有生我们,都必须去赡养他;而对于生身父母如果他没有养我们,我们就不需要去赡养他。这不是说明,作为法律中主流的、社会的价值评判标

对方并未偷换概念,攻击不准。

此处的养在文言文中是生的意思。

从法律角度举证很精辟,妙!

准都认为养之恩重于生之恩，对方辩友为什么还这样执迷不悟呢？

姜湛睿：

补充几点，对方今天告诉我，他说我们养的只是养的精神，生的才是我们的一个物质基础；养的如果只是精神的话，我想，大家想一想，我生下来才几斤，我现在长到一百多斤，这是生出来的呢，还是养出来的呢？对方今天又告诉我，就像刚才我方二辩说的一样，他说养不包括教和学，那我想请大家想一想，如果养不包括教和学的话，我们到底在比什么？我们是要比母亲生我们的时候流的血更多呢，还是老爸养我的时候买的米更多呢？这不是我们今天对比的标准，对不对，就这样。

> 养包括教，但不包括学，应作论述。

主　席：

好，第二个环节也结束了，请对两支队伍的表现进行打分。

让我们看一下两支队伍在第二个环节的得分情况。正方本轮得分 193 分，加上轮积分 192 分，总积分 385 分。反方本轮得分 185 分，加上轮积分 184 分，总积分 369 分。比分还有一点差距，现在正方还是稍稍领先，现在进入第三个环节，短兵相接。

第三关　短兵相接

1. 自由辩论时，由正方先发言，之后双方交替发言。
2. 不回避问题，积极交锋。

本环节满分 50 分。

主　席：

短兵相接这个环节，就是我们平时所说的自由辩论，双方各有 4 分钟的时间来陈述本方的观点。那我们要由正方开始，有请。

任　崇：

刚才我听清了对方的一点观点，他们说养就包含了教，又举出了养不教父之过这样一句话，可是我们都知道如果养就包含教，为什么还有养而不教呢？养不教父之过，是不是应该改成养不养父之过呢？

> 从细处辩正误。

姜湛睿：

  这个养指的是什么，这个养指的是生的意思，大家请想一想？请问对方辩友，我们生出来的是人呢，还是生出来的是人才呢？

此处养指生，文言文的多义由此可见。

杨　雯：

  如果养都包含了生，那么今天的辩题还有什么意义呢？那么劳教所是不是要叫成劳养所？那么为什么有生生不息，却没有养养不息呢？

歪辩。

陈　明：

  很简单，就是说你生的时候，你必须要去养他，这还不能说明养之恩比生之恩更重要吗？对方辩友我想请问您，您刚才说养是为了生，那我母亲二十多年前就把我生出来了，按照您的观点，她养我到现在，就是生我生了二十多年还没有生完，对方辩友，那么我们的母亲要把我生到什么时候才生完，才是个头啊？

正解，得分。

李　巍：

  我们今天来谈，对方说一个玉的问题，玉要琢才成器，那如果它不是和氏璧，它是一块烂石头，您能把它琢出来吗？

转移话题。

陈　明：

  对方辩友，知不知道和氏璧是怎么出来的，它是献了三次都没有献上去，还被人家砍断了双脚；就是献的那个人，直到最后把它雕出来之后，国王才收下了。这还不能说明雕刻的过程比养的过程更重要吗？

后发制人。

李　巍：

  所以我们在说舍生取义是最好的义，而对方辩友您能告诉我是舍一顿饭取义才是最好的义吗？

无理。

姜湛睿：

  生是什么？生就是给予我们肉体。而养是什么？养能够赋予我们以人格，让我们成为一个真正的社会人。我们知道我们人要成为社会的主人，要成为自然的主人，我们必须具备经验和能力，这个经验和能力到底是生给的呢，还是养给的呢？

正言昭人，使人信服。

任　崇：
　　对方说经验和能力都是养给的，他们今天把人只分成两个部分，第一个是生的一瞬间，其他的一切都是养。那么我请问，今天我出门有人打了我一闷棍，让我认识到世界上不只有好人还有坏人，您说这个人是生了我呢，还是养了我呢？　　　　　　　巧言。

许莹蕾：
　　我终于明白对方辩友的逻辑了。他告诉我由于生是先行的，因此生是更重要的，那按照这个逻辑我想请对方辩友跟我论证一下，春天是如何比夏天更重要的？　　　机锋制敌。

杨　雯：
　　我们没有说先行就是更重要的，我们说生是基础、是本质。为什么人类是万物之灵，那么为什么其他动物怎么培养都培养不出这个灵，就是因为他是人，这是由生决定的嘛！　　答言精到。

杨　薇：
　　对方辩友终于跟我们谈到了本质，我们说人的本质属性可是社会属性。生只给你提供了自然属性，请问对方辩友，社会属性是养提供的，还不够重要吗？　　生养同等重要，不可偏废。

李婕达：
　　生给了你一个大脑，赋予你作为一个人的精神基础，请问那么多人养小宠物，有谁养出了人的社会性呢？

陈　明：
　　对方辩友没有回答我方的问题。我想请问您到底是养还是生更能促进您社会化的完成、社会本质属性的完成？

李　巍：
　　回答了吗？清者自清，浊者自浊，如果他本身不清、本身不浊的话，如何能通过对方的论证把他变成那个样子呢？对方辩友他如何能够塑造成那个样子？我想告诉对方辩友，今天谈一个本源性的问题，其他的养都是派生的，养都要为生服务。请问本源更重要，还是派生更重要？

姜湛睿：
　　对方告诉我清者自清，浊者自浊，你是不是要告诉我们，我们是龙生龙凤生凤，老鼠生下来会打洞的世界呢？　　　　　刚言犹如利刃。

任　崇： 　　对方同学告诉我们养对他的重要性，他刚出生的时候有多大，而现在有了一百多斤，我们可以看一个小孩子茁壮成长。可是这根笔呢？我们怎么培养它，难道它能成为架海鑫梁吗？你说的是不是如意金箍棒呢？	举极端之例否定对方。
许莹蕾： 　　如果生真那么重要的话，那么法律中为什么还有剥夺人的生存权这么一条呢？	替对方说话，意识不清。
李　巍： 　　所以这是对人员大的惩罚嘛，所以我们说生比养更重要嘛。	巧言轻取。
陈　明： 　　对方辩友说来说去，无非说一个本质问题。我们知道，今天这里如果有一块木头，我们把它从木头上砍下来，然后我们做成一个工艺品。对方辩友，就这件艺术品来说究竟是砍木头砍的过程重要，还是雕刻的这个过程重要呢？	以下双方都有牵强之嫌。
李　巍： 　　所以它叫作根雕，根雕就是木头雕的。	
陈　明： 　　根雕是木头雕的，是不是艺术家雕出来的呢？	
任　崇： 　　请对方辩友不要忘了一句话叫"朽木不可雕也"。	
陈　明： 　　那么为什么我们的艺术家叫作化腐朽为神奇呢？	
任　崇： 　　真的化腐朽为神奇，它必须有神奇的血脉，有神奇的本源；如果没有的活，您再怎么雕，一块烂泥也扶不上墙。	
许莹蕾： 　　对方辩友说来说去都还是在谈这样一个问题：龙生龙，凤生凤，老鼠生儿只会打地洞。那我想请问对方辩友，鸡窝里是如何飞出金凤凰的呢？	无中生有，不对。
任　崇： 　　鸡窝里能够飞出金凤凰是养的功劳，是养和教共同的功劳，所以我们说今天养也有恩，但是我们比的并不是哪一个	再强调重要性，回到本题。

有恩，哪一个没有恩，而是哪一个恩更重要。您说一个有恩、一个没有恩，今天的辩题还有什么意思呢？

姜湛睿：

对于一只鸡来说，如果有人能够把它变成凤凰，您觉得是把它变成凤凰的恩更大呢，还是把它生成一只鸡的恩更大呢？ | 前提错误，推论随之错。

杨　雯：

那么就决定了它本来就不是鸡，而是一只凤凰。我们为什么说培养人要因材施教，有的人擅长逻辑思维，有的人擅长形象思维，难道您的培养能把左半脑培养成右半脑吗？ | 归谬成功。

陈　明：

对方辩友，我们都说农民很伟大、很辛苦，"谁知盘中餐，粒粒皆辛苦。"辛苦什么？是农民浇水、施肥这个养育的过程辛苦，不是他说去供销社买一袋化肥或者一袋种子辛苦。当然是养之恩重于生之恩。 | 语焉不详。

李　巍：

但是一个农民如果不爱他的儿女、不爱他这块土地的话，如何让它生出粒粒盘中餐呢？ | 随口之词。

陈　明：

请对方辩友告诉我们，他爱他的女儿、爱他的儿子，马上他就可以生出粒粒盘中餐了吗？ | 也不慎重。

主　席：

正方时间到，反方继续。

许莹蕾：

生而不养等于不生，虽非亲生亦可抚养，这就是说我们的生之恩只有在养的过程中才能真正体现它的价值所在。 | 反击无新意。

姜湛睿：

对方四辩在最后一次发言中告诉我们，生之恩是不能报的，实际上我们在回馈父母、孝敬父母的时候，我们报的只是养之恩。难道我们报的时候就只是养吗？那按照您的逻辑是不是要告诉我们，如果只生不养，我们就可以不用孝敬父母了呢？ | 抓住最后时机反击，有理有力。

主　席：

反方时间到。谢谢。下面请九位评委老师为两支队伍在

第三个环节短兵相接中的表现进行打分。正方本轮得分329分，加已积分385分，总积分714分。反方本轮得分322分，加已积分369分，总积分691分。现在双方还是有一定的比分差距，不过双方胜负如何还要看最后环节——"一锤定音"中的表现。现在进入第四关，一锤定音。

第四关 一锤定音

1. 提问嘉宾分别向正反两方提问。
2. 正反两方必须针对提问和现场比赛态势进行总结。

本环节满分40分。

主　席：

在一锤定音这个环节，我们将有请两位嘉宾分别向正方和反方提出问题，双方队员要在3分钟内对嘉宾提出的问题进行回答，并且巩固本方的观点。首先有请两位提问嘉宾，向反方提出问题。

余　磊：

谢谢主席，生好像不能仅仅等同于分娩吧，养和教是有联系的。大家都知道，就好像生和教也是有联系的。但是养而不教，养和教之间到底有没有区别？如果有区别的话，区别在哪里？在解释这个概念的基础之上再请您告诉大家，人类的社会属性是一个不断积淀的过程。这个积淀的过程是一个很漫长的过程，通过无数代人的进化才达到今天的文明程度，在这个漫长的积淀过程当中，生和养哪个更重要？

蒋昌建：

如果我们的养是培养了追逐私利的价值的话，那么对人类的总体的价值加以诋毁，您觉得这样的养的自我价值对整个人类的生存有好处吗？

姜湛睿：

感谢两位嘉宾的提问，针对第一个问题，说到一个养而不教的问题。实际上刚才在对抗当中，已经听到这个词，"养不教，父之过"，《三字经》上面就是这样说的。比如说这是一个什么意思，养而不教这个养，并不是我们今天定义当中的养。大家可以去查一下工具书，养而不教这个养实际上指的是生的意思，它要表达的是我生育下来不教，这就是

提出养、教的正义及联系与区别，既高明又刁钻；再强调辩题本义，暗含批评反方未说清生和养谁更重要的问题之意。

从"养得不好则结果不好"的角度问难，妙！

答一：正解。

父亲的过错。所以对对方辩友我开始就指出、他们今天是在偷换概念，他们用养和生。他说我们是在偷换概念，实际上他们并没有用工具书让大家知道这样一个最后的结果。说到一个具体的就是发展，说到社会发展问题的时候，我们就必须要知道，就是说我们人类发展确实是一个漫长的过程。但这之间我们确定生对我们基因上的一个流传，对于我们这样一个传宗接代过程是一个非常重要的意义。但是我们必须要知道生给我们的只是一个基础性的东西，也就是说，我们有了人，才可能去做很多的事情。之前，我们已经论证了基础的事物并不是最重要的。所以然我们一直在说，有一句话讲得非常好，就是法国教育家朗格朗说过："没有教育就没有知识，就没有能力，就没有事业心。没有一个民族的能量可以得到调动和组织。"所以说刚才这个问题是可以解决的。第二个问题交给我方二辩。

答二：坚守本方观点，结论明确。

陈　明：

补充一点，刚才余磊先生给我提出这样一个问题，他说社会发展这个沉淀的过程，但是我们想想看，第一代人沉淀了一些社会属性怎么传给第二代人，它难道就是基因传给他的吗？不是吧。恐怕就是生孩子，然后从小教他你要会用工具，会用筷子会用碗，这样一个沉淀的属性的前提是用养来不断教他达到一个学习的目的。

答二：继续坚守本方立论。

至于第二个问题，是蒋昌建先生提出来的，关于家庭的养和社会的养是不是可能有坏的情况。我们说世界上可能有一些父母对自己的儿女培养得不是那么充分，不是那么充足。但是请问各位，世界上有没有哪位父母不希望自己的儿女好呢？我们抓问题是不是要抓问题的本质和主流的问题呢？那么为什么环境这么重要呢？是因为我们意识到了。原来生只是提供了一种可能，而后天的养是可以把我们培养成无数种可能、无限种发展的可能。在这个意义上我们才说，如果在坏的家庭、坏的环境，它培养出的孩子不是那么好，实际上是从反面上说明了我们的论题养之恩重于生之恩。

定音之语，好！

不知道我这样的回答是不是能让两位嘉宾满意，谢谢你们。

姜湛睿：

今天我们说养之恩重于生之恩并不是要大家去思考一些到底是生父母更亲还是养父母更亲的问题。我们今天是要大家明确一点，我们必须把更多的资源投入到养这个过程当中；不然的话，我们许多宏伟的计划，比如社会发展的目标就无法实现。我在这里说话，我不只是要说给做父母的人听的，我要说给全社会的人听，因为我们必须全社会把对于我们社会抚养这个责任承担起来，我们才可能去履行我们的价值。这才是我们的辩题要让我们真正去思考的问题。

主　席：

反方时间到，正方提出问题。

蒋昌建：

非常感动，正方表达了他们对生命的珍重。我们知道，稍微了解点自然发展史都知道，那么我想每一个种群，他们对自己的生命都相当地尊重，但是随着自然的发展，我们发现有些物种被淘汰了，甚至是消失了，有些物种却保留下来了。那么引起一个很重要的理论，叫作适者生存，那么怎么适应环境的变化呢？怎么实现物种的可持续性发展呢？我们可以发现，决定物种可持续性发展的一个非常重要的东西，就是在应对环境变化的过程当中学习到的东西，或者是按照对方爱讲的，即使是养吧，如何用合适的食物应对环境的变化，把这个物种养得更茁壮呢？我想这需要一个学习的过程，因此从这个意义上来讲，是不是能够证明养比生更重要呢？谢谢。

余　磊：

有一个问题是这样的，我听到一个很奇怪的论点：说生是目的，养是手段，所以生比养更重要。我们大家都知道，目的和手段是两个不同的范畴。你是如何进行比较并得出你的结论的呢？在这个论题的基础之上，我们再想一想，生确实是给人类在发展的基础上提供了无数的可能性，但是养是把这种可能性变成无数的现实性的手段和方法，为什么前半段就一定比后半段重要呢？

主　席：

感谢两位提问嘉宾，下面请正方在3分钟时间之内回答嘉宾提出的问题，并且巩固本方观点。有请。

无关主旨。

举反例迫使正方证正，又是一个高难度。

配合一问，批评正方观点，让正方反驳。

任 崇：

首先回答嘉宾的第一个问题，他问到自然发展有一个最重要的原则，那就是适者生存。在这个过程中存在一个学习的过程，或者养的过程。我们不来追究养到底包不包括学习，但是我们知道，适者生存，我们积累下来的经验如何传给下一代呢？靠生。我们总不能让每一个孩子在出生之后都再重新来适应这个环境。而生就是将这个基因、将适应的结果传给了孩子。所以说生也决定了他的社会性。对于第二点，我们说生是目的，养是手段。因为生是生命的诞生，这是我们传承人类文明的一个最根本的目的，那么养就是为了这个手段服务的。这两者看起来不是一个范畴，但是对于生命这一价值总体而言，却是目的和手段的关系。所以我们说生之恩重于养之恩。对方的三号说，养延续了生命，我仍承认，可是这是不是能够说明养为了生服务呢？我们追求的就是一个完整的生命呢？对方二号又说，没有养，生就没有用，可是没有生，养又从何而来呢？生是一切的前提和基础，为养决定了对象。生是本，养是末；生是质，养是量；生是飞跃，养是积累。到底哪一个恩更重要呢？对方的一辩说，生只造就了自然的人，而对于更重要的社会属性来说却是培养和教育造就了人才。我们且不说养是否包含了教，也不说社会形成是否有生的作用，单单是看养这个投入是否能得到回报，就要靠生来保证，因为首先要保证是一个人。对方的三号同学说，生是一种自然的行为，于此而否定它社会性的属性。可是我们且不论精神生命能够确定人的人格，价值生命能够实现人的价值升华，单单是自然生命给我们的血浓于水的骨肉亲情，其他又有什么可以替代的呢？怀山之水，必有其源；参天之树，必有其根，当我们看到无数的耄耋的华侨回国来寻根的时候，我们知道，生在人们心中的意义。今天对方同学只局限个人来谈生和养，可是我们说我们要树立的是一种新的生命观。我们今天看到社会上已经存在了几十亿人，于是常常忽略生命的重要，我们看到要养这几十亿的人给我们带来巨大的压力，于是就会怠慢生命。甚至有些人为了满足自己养的条件来剥夺其他人的生命。然而王侯将相宁有种乎？生命是上天赋予的权利，生命的尊严不会

首先证正。

接着驳反，思路极清晰。

结论印证了立论，

因为后天的改变而有所不同，所以善待生命是我们每个人的责任。也只有利用有限的生命创造出无限的价值才是对生之恩最大的回报，才是对生命最好的诠证。

主　　席：

时间到，谢谢。第四轮结束后，整场比赛就结束了，下面请在场的九位评委老师为两支队伍在最后一个环节的表现进行打分。正方本轮得分 259 分，加已积分 714 分，总积分 973 分。反方本轮得分 254 分，加已积分 691 分，总积分 945 分。让我们用热烈的掌声欢迎余秋雨先生进行点评。有请。

余秋雨：

诸位，我非常高兴地听了刚才激烈的辩论。相比较而言，我觉得如果就论题的中国话语而言，应该是反方更有利，但是不知怎么一来这个话语的主动权慢慢地就移到了正方。他们就抓住了一点，就是本源。死死地抓住一点本源，那么这样你们讲的所有的有关养的重要性、培养的重要性、教育的重要性都无法把本源动摇。当本源不能支援的时候，所以讲的那个狼孩的问题他们也轻松地驳掉了。我们应该抓住什么呢？我有一个建议，就是你们要抓住的是恩字。可惜你们提到了，没有抓住。建议你们可以通过民政部调查有多少父母是生而不养的，做一些比较感性的调查以后，你们的发言一定会非常感人，然后把一个比较虚假的论题变成一个广泛的社会教育命题让大家都能够感动。你们那儿也犯了很多这类的错误，明明知道这是一次智能游戏，是我们评委们很狡猾地出了一个虚假的题目，你们全部在这个概念上玩上了。这样的话，越玩越把自己搞糊涂了。人类的恩情其实是很难衡量轻重的。只要是恩情，就很难衡量，由于施予者和接受者有不同的经历、不同的感受能力和不同的生活阅历，一个小小的恩情可能改变他整个人生，在这种情况下，所以我们尽管今天的这个比赛我希望我们在座的听讲者、辩手和我们的观众们都知道，我们应该用虔诚的心情不加衡量、不加比较地来感谢天地间给我们一切恩情的人。谢谢。

主　　席：

感谢余秋雨先生的精彩点评，接着请我们九位评委老师

成功。

为两支队伍的表现打出评委印象分。正方本轮得分334分，加已积分973分，总积分1 307分。反方本轮得分323分，加已积分945分，总积分1 268分。通过双方的积分我们已经看出来了，我们本场的胜者也就是我们的总冠军就是电子科技大学队。恭喜！同时我们也感谢暨南大学队同学的热心参与，还有其他所有队伍的热心参与。

辩论规则一览

- 演讲成员组成

    正方：一辩（第一发言人）、二辩（第二发言人）、助辩（视情况定人数）

    反方：一辩、二辩、助辩

- 演讲次序

    > 正方一辩发言—反方一辩发言。（各5～7分钟）

    > 正方二辩发言—反方二辩发言。（各5～7分钟）

    > 现场自由辩论（各7～10分钟）

    > 反方总结发言—正方总结发言（各5～7分钟）

- 抽签决定正方或反方
- 自由辩论细则

（1）宣布自由辩论开始后，发言无须得到主席同意。每队每次只能由一人发言，每人至少发言一次，发言次序、时间不受限制。

（2）自由辩论时，任何一方的任何一位辩论员都可先行起立发言，正反方轮流发言、机会均等，直到时间用完为止。

（3）每队自由辩论总时间如规则所定，当一方发言总时间只剩下一分钟时，记时员将发出信号提示；待时间用完，记时员发出第二次信号，该方应结束发言。

附录 B　如何让世界对我刮目相看

（超级演说家　梁凯恩）

今天我要演讲的主题是，一个高中都没有毕业的无名小卒，怎么做出让全世界对他刮目相看的决定？

16岁那一年，我问自己两个问题，为什么我的爸爸妈妈，没有经过我的同意，就把我生下来？我到底被生下来这个世界，到底被生下来做什么？

我钻入了牛角尖，我得了抑郁症，我尝试了两次自杀。我高中换了五所学校，念了九年，到最后没有毕业。

后来我爱上了一个女孩，我疯狂地追求她半年后，她对我说："你知道你十年后一无所有吗？我没有办法跟你在一起。"说完她转身再也不回头地走了，我痛彻心扉。

20岁那一年，我听了一场演讲，我决定，我的人生一定要像魔术般地改变，我一定要做出让那个女孩对我刮目相看的事。

23岁那一年，我参加一个公众演说的培训。全班180个老板，我是唯一一个业务员，我是最年轻又最穷的业务员。第三天演讲比赛的时候，我顺利地打进了总决赛，拿到了冠军。

那天晚上，我拿着冠军奖状一直到天亮，我都没有睡着。因为在那一天之前，我都不确定，演讲到底是不是我的天分。

巴菲特的天分是投资，乔布斯的天分是创新，周杰伦的天分是写歌，周星驰的天分是拍喜剧。如果演讲是我的天分，如果我能够在这个领域成长一万倍，那我的命运会怎么改变呢？

1997年，我定了我人生一个伟大的目标，我要成为全亚洲最顶尖的演说家；我要从台北到上海，去办一场五万人的演讲。

我受到许多的嘲笑。别人说拜托，你连高中都没有毕业，上海你去过吗？没有人认识你，怎么会有五万人听你演讲呢？两千人不错了吧？

所以，我把我的梦想录下来，我每天清晨起床的第一件事——打开我的收音机，把我人生的梦想再听一遍。因为我怕我不听的话，我忘记，或是被别人泼冷水泼死。

2007年，我终于站上台北小巨蛋，面对一万两千人演讲，我觉得我准备好了。我带着四十个伙伴，一千多万人民币的存款，来到了大上海。不到四个月，因为人生地不熟，全军覆没，我的一千多万人民币又被骗走了。

我努力了十年，再度一无所有。在深夜，我走在大上海的街头，我看着这个熟悉又陌生的都市，我跟我自己说，你现在没有钱，没有团队，没有人脉，你怎么站上八万人体育馆，对五万人演讲？

是的，我什么都没有，但是我有没有完成梦想的勇气？我的勇气能不能够让我，在一次次地拒绝与嘲笑中，让我继续地前进？我为什么要办上海五万人的演讲？

因为学校的老师，并没有教人应该要说出自己的梦想，得到别人的支持去实现它。我一定要替大家做一个启发，我开始办全上海最有影响力的活动。

我邀请了美国前国务卿鲍威尔将军，世界第一名的领导力大师、行销大师、世界第一名的立志大师力克·胡哲，到上海来办一场又一场有影响力的活动。

三年后，我的公司成为中国总裁培训界最有影响力的公司。接下来五万人的演讲，最困难的并不是卖五万张票，最困难的是你必须拿到举办这个活动的批文。

2010年4月，有一个人跟我说，梁老师你不是会弹钢琴吗？如果你出一张钢琴专辑，你就成为钢琴家，你可以站上八万人体育馆的舞台，钢琴旁边有一只麦克风，你拿着麦克风来演讲，不就实现你的梦想了吗？

我立刻去寻找钢琴老师，每天练钢琴练到凌晨三点半。

终于在2010年11月6日，那一天，我面对五万六千人，我上台弹了自己写的音乐；弹完之后我拿起了麦克风，对五万六千人演讲，完成我人生第一个中国梦。

让全世界可以听到中华文化的声音，我是个中国人，我热爱我的祖国。我能为我的国家做什么呢？十年后，2025年，我将尽我一切的力量，帮助中国最多的高校，成立演说系。

中国要成为世界第一大强国，需要有更多的领导者学会演说，站上世界的舞台。为什么一个高中没有毕业的无名小卒，能够做出让全世界对他刮目相看的决定？如果可以的话，我相信每一个人体内都有，选择让人刮目相看的能力。

刮目相看有四个等级：第一个等级，做一个决定，先让你自己对自己刮目相看；第二个等级，做一个决定，让你的家人跟你身边的人，对你刮目相看；如果你是行业的领导者，第三个等级，做一个让你行业刮目相看的决定；最后一个等级，让全世界对你刮目相看。

刘翔用跨栏，让全世界对中国人刮目相看；朗朗用钢琴，让全世界对中国人刮目相看；李小龙用武功，让全世界对中国人刮目相看；马云让天底下没有难做的生意，让全世界对中国人刮目相看。

你的人生不是大胆冒险，便是一无所获。如果今天，你能做一个决定；2025

年，你做一个决定，让全世界对你刮目相看，好不好？如果你是中国人，请你跟我一起拿起手中这面国旗，好吗？

　　跟我说三遍，让全世界对中国人刮目相看；再一次，让全世界对中国人刮目相看；最后一次，让全世界对中国人刮目相看。我爱你们，谢谢大家！

附录 C　给自己戴上桂冠

——对士兵们的演说

拿破仑·波拿巴

士兵们，你们像山洪一样从亚平宁高原上迅速地猛冲下来。你们战胜并消灭了一切阻挡你们前进的敌人。

从奥地利暴政下解放出来的皮埃蒙特，表现了与法国和平友好相处的天然感情。

米兰是你们的，在全伦巴迪亚上空，到处都飘扬着共和国的旗帜。

帕尔马公爵和莫德纳公爵能够保留政治生命，完全归功于你们的宽宏大量。

号称能够威胁你们的敌军，再也找不到更多的障碍物，可以凭借它们来抵挡你们的勇气了。波河、提契诺河和阿达河不再阻挡你们前进了。意大利这些所谓了不起的堡垒看来都是不经一击的，你们像征服亚平宁山脉一样迅速地征服了它们。

你们取得这样多的胜利使祖国充满喜悦。你们的代表们规定了节日，以示庆祝你们的胜利，共和国所有的公社都在庆祝这个节日。你们的父亲、母亲、妻子、姐妹以及你们所有心爱的人都为你们的胜利而欢欣鼓舞，他们都以自己是你们的亲人而感到自豪。

是的，士兵们！你们做了许多事情……可是，这是不是说你们再没有什么事可做了呢？……人们在谈到我们时会不会说，我们善于取得胜利，却不善于利用胜利呢？后代会不会责备我们，说我们在伦巴迪亚碰上了卡普亚呢？不过我已经看见你们在拿起武器，懦夫般的休养生活已经使你们烦恼啦！你们为荣誉而花去的时光，也就是为自己的幸福而花去的时光。总而言之，让我们前进吧：目前我们还需要急行军，我们必须战胜残敌，我们要给自己戴上桂冠，对敌人给我们的侮辱必须给以报复！

让那些准备在法国挑起内战的人等着吧！让那些卑鄙地杀死我们的驻外使节和烧毁我们土伦的军舰的人等着吧！复仇的时刻到了！

但是，要叫老百姓放心。我们是一切老百姓的朋友，特别是布鲁图家族、西庇阿家族和一切我们奉为典范的大人物的后裔的忠实朋友。恢复卡皮托利小山上的古迹，在那儿恭敬地竖起一些能使古迹驰名的英雄雕像；唤醒罗马人，使他们摆脱几百年的奴役造成的昏沉欲睡的状态。这些将是你们的胜利果实，这些果实将在历史上创造一个新的时代。不朽的荣誉将归于你们，因为你们改变了欧洲这一最美丽部分的面貌。

自由的、受全世界尊敬的法国人民正在给全欧洲带来光荣的和平，这种和平将补偿它在六年中所忍受的一切牺牲。那时你们回到自己的家乡，你们的同胞就会指着你们说：他是在意大利方面军服过役的！

1796 年 5 月 15 日

参考文献

[1] 谢伯端.实用演讲与口才教程.武汉:华中科技大学出版社,2007.
[2] 威斯卡普.九步成为演讲高手.陈志强,侯梦蕊,译.北京:北京师范大学出版社,2006.
[3] 王黎云.演讲与口才.杭州:浙江大学出版社,2004.
[4] 仫华.跟我学:演讲与口才.北京:中国经济出版社,2006.
[5] 谢伦灿.即兴说话技巧大全.2版.北京:石油工业出版社,2006.
[6] 江左浩.中外奇辩精粹.北京:石油工业出版社,2004.
[7] 王政挺.攻心为上:说服对方的金点.北京:中央编译出版社,2003.
[8] 李元授.辩论学.2版.武汉:华中科技大学出版社,2004.
[9] 陈翰武.中外大学生辩论词名篇赏析.武汉:武汉大学出版社,2006.
[10] 包镭.演讲与口才技能实训教程.北京:北京大学出版社,2007.
[11] 彭红.交际口才与礼仪.上海:华东师范大学出版社,2007.
[12] 翟杰.口才是练出来的.北京:新华出版社,2006.
[13] 郭策,郭宏威.十八招赢定面试.沈阳:辽宁人民出版社,2007.